人類学者K

ロスト・イン・ザ・フォレスト

奥野克巳
Katsumi Okuno

AKISHOBO

人類学者K

ロスト・イン・ザ・フォレスト

Kはまた歩きだした。どこまでもつづいている。というのは村の大通りだというのに城山まで通じていないのだ。近くまで行くと、わざとのように折れまがり、城から遠ざかるのでもなければ、近づくでもない。

カフカ『城』池内紀訳、白水ブックス

目次

プロローグ　森を撃つ　7
多自然　15
インタールード――ジャカルタのモエ・エ・シャンドン　58
時間性　63
インタールード――見失い　112
無所有　121
インタールード――明石先生のこと　152
人類学　161
エピローグ　ロスト・イン・ザ・フォレスト　203

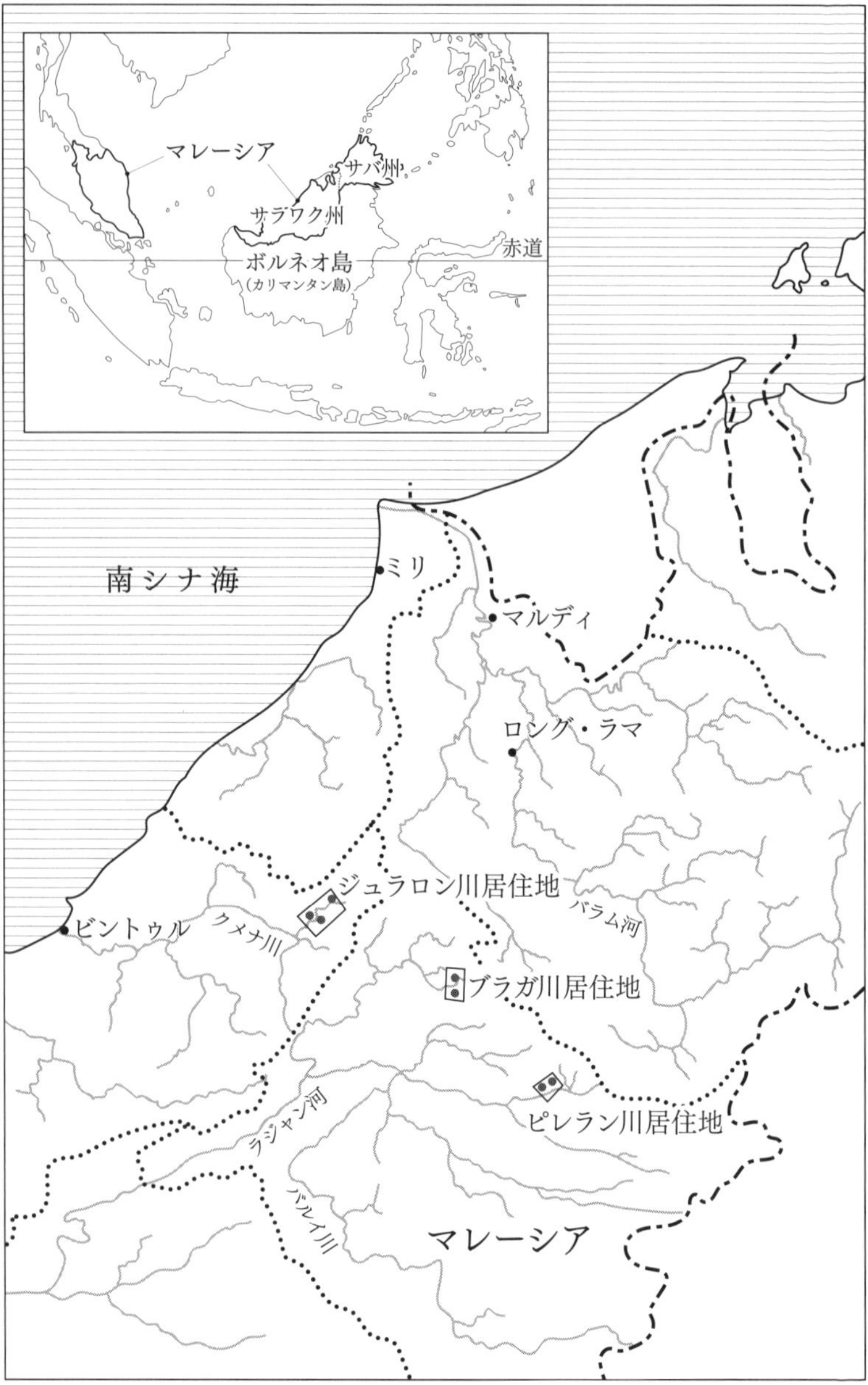

マレーシア
サバ州
サラワク州
赤道
ボルネオ島
(カリマンタン島)
南シナ海
ミリ
マルディ
ロング・ラマ
ジュラロン川居住地
バラム河
ビントゥル
クメナ川
ブラガ川居住地
ピレラン川居住地
ラジャン河
バレイ川
マレーシア

プロローグ　森を撃つ

森の中に入ると、ヒゲイノシシの足跡があちこちにくっきりと残っていた。プナンが最も好物とする獲物だ。昨日のものもあれば、今朝ついたと思われる真新しいものもあった。ぬた場ではつい先ほど何頭かのヒゲイノシシが水浴びをしたようだった。人が近づいたのに気づいて逃げたのかもしれない。Kは、アジャンと息子ロベットと三匹の猟犬とともに、森の中をもう四、五時間も歩き回っている。

そのうちに陽は高く昇ったが、陽射しは森の奥深くにまでは差し込まない。昼なお湿って薄暗い緑の魔境。数条の淡い光が、暑熱があることを知らせている。棘のある植物を踏みつけて、Kの足裏にちくりと痛みが走る。倒れた樹々の合い間を潜《くぐ》り抜けて砂地のぬかるんだ小川を飛び越えた時、Kは、遠くで猟犬がいっせいに吠えるのに耳を澄まして立ち止まる。ウォンウォンウォンウォンウォン。

カスットにディマックスにピディンと名づけられた三匹の猟犬が獲物を追いつめている。その吠え声はしだいに大きくなっている。イヌたちが、こちらに近づいてきている。イヌの吠え声が、重なり合って聞こえてくる。ウォンウォン。ウォンウォンウォンウォンウォンウォン。

その声を聞きながら、Kは森の中の道なき道をどんどんと登ってゆく。

「ロベット、ブスルクはこっちに来るぞ」

とアジャンが、息子ロベットに状況を知らせる。ブスルクとは、ヒゲイノシシ《マブイ》を目の前にした時、あるいは死んだ時に使われる「忌《い》み名」だ。

前を行くアジャンは、手招きして、一気に稜線にまで駆け上がるよう促した。稜線に先回りして、ヒゲイノシシを仕留める肚《はら》だ。

Kは、苔むして湿った岩に足をとられて、崖を滑り落ちた。岩と石の塊がゴロゴロゴロンと鈍い音を立てて落ちてゆく。Kは、木の蔓《つる》につかまってなんとか事なきを得る。

「大丈夫か」

と、アジャン。

ウォンウォンウォンウォンウォンウォン。イヌたちは一向に鳴き止まない。今度は、少し遠くのほうで、イヌを呼ぶ人の声がする。ウー。アジャンがイヌたちを指揮する。

稜線にたどり着くと、一気に視界が開けて、暑熱が、アジャンとロベットの頭のてっぺんから全身に注がれる。アジャンは、離れたところにいる仲間たちに自分たちの居場所を知らせるために大きな声を出す。ウーウー。

アジャンは猟銃の筒に銃弾を補塡して、ヒゲイノシシを撃ち殺す手はずを整える。耳を澄まし、うろうろしながら、どこでどう構えるかを思案する。

人々の声がする反対方向で、セイランが鳴いている。クトゥオゥクトゥオゥ。Kは、やや遅れてようやく稜線上にたどり着く。流れ落ちる玉のような汗。息切れがする。

一瞬イヌの吠える声が止む。あたりが静けさに包まれる。

ザワザワザワという物音がして、イヌかと思いきや、一頭の大きなメスのヒゲイノシシが森の奥からすっと姿を現す。

「あっ」

稜線へと飛び出し、ものすごい勢いでふたたび深い森の中へと姿を消す。

アジャンには、その一瞬なすすべがなかった。銃を構えることさえできなかった。

ヒゲイノシシの後をうなりながら追っていく二匹の猟犬カスットとディマックス。狩猟の仲間であるティマイが吹き矢を片手に持ち、息を切らし、唾を吐きながら走り上がってきた。

すぐさま二匹のイヌ、ティマイ、アジャンの順に森の中へと駆け込む。スミゴロモが鳴きながら滑空する。

「キョンキョンキョン」

ヒゲイノシシが獲れることの予兆の囀りだ。

「ロベット、K、ここで待っていろ」

とアジャン。

銃をかついだジャウィンが、ティマイの後ろから稜線を走り上がってきた。ロベットとKに一瞥をくれるや、イヌの吠え声をたよりに、彼らの後を追って森の中へ入る。ウォンウォンウォンウォンウォンウォン。よりいっそうけたたましく吠える犬たち。

ティマイとジャウィンの猟犬ピディンがようやく追いついた。森の中でやがてイヌたちが轟々《ごうごう》とうなり始めた。ウーウーウー。イヌが、ヒゲイノシシの喉もとに喰らいついたのだ。ヒゲイノシシが断末魔の呻《うめ》き声をあげる。キーキー。アジャンとジャウィンが、イヌたちにヒゲイノシシのそばから離れるよう指示している声が聞こえる。

「カスット、離れろ」

次の瞬間、ドッドォーンという低い大きな銃声が森全体に深く響き渡る。それを聞いてKとロベットは、森の中へと一目散に駆け込む。倒木を飛び越え、傾斜をずんずんと駆け降りていく。

獲物は、一発の銃弾で仕留められ、血を流してそこに斃《たお》れていた。アジャンが射撃したようだった。もうぴくりとも動かなかった。さっき、森から森に駆け抜けるのを目にした、あのメスのヒゲイノシシだ。

ウーウーウー、ウフウフウフ。駆けつけたジャウィンは、斃れた獲物の周りで、血の臭いに興奮の極みにあるイヌたちをなだめている。発射された弾のこげた臭いがあたりに漂う。

すぐさま獲物は、ティマイとジャウィンによって近くの川べりまで引きずって運ばれ、山刀で腹が真っ二つに割かれると、生殖器が捨てられ、内臓が取り出された。ヒゲイノシシの皮に樹皮を通し、持ち運びできるようにした後、ティマイが吹き矢を右手に持ちながら、それを背中に担いだ。すぐさま川伝いに、狩猟キャンプに向かって歩き始めた。

多自然

I

その日の夕刻、Kはとても憂鬱だった。ハンターのニュアが一時間ほど前、無言で狩猟キャンプに戻ってきた。無言で戻ってくるのは、獲物があった証拠だ。籐《とう》のバッグから取り出された獲物がちらっと目に入った。二匹のリーフモンキーのようだった。

そのうち、鼻をつく異臭が漂ってきた。独特のむわっとした糞便臭が、鼻腔上部の粘膜を刺激した。Kは立ち上がり、無言でその場から退《しりぞ》いた。サルのウンチをわざわざ鍋で煮る必要なんてないのにといつも思う。しかし、料理はすでに始まってしまっていた。

今日一日具合が悪く、狩猟小屋で臥《ふ》せっていた老女が起き出してきて、鍋を囲む人たちの輪に加わっていた。彼女は一瞬Kの動きを目に留めて、「ポトック」と囁いた。リーフモンキーの「糞便汁」を彼らはこう呼ぶ。

水分や塩や酸を吸収しつつ、食物繊維を発酵させながら結腸で作られた便は、直腸あたりに溜め込まれている。それをもみしだいて、肛門から沸騰した鍋の湯の中に直接送り込んで、あとは、その糞便直前の具を、塩を入れて、グツグツ煮る。Kはプナンたちと行動をともにし始めた最初の頃、何も知らずにその過程に立ち会ったが、その「糞便汁」は煮立つにつれ、ますます強烈な臭いを放ち始めるのだった。

リーフモンキーは、樹上で葉っぱだけを食べる。プナンは、その「葉喰い猿」の腸内物質が薬になるという。リーフモンキーの腸内物質のスープは、いわゆる薬喰いなのだ。老女は、体調の快復を期待して、その後、その糞便スープをすすったにちがいない。Kには、料理の鍋を囲んでいる時点で、彼女はすでに快復していたように見えた。

Kは、狩猟小屋の煮炊き場から最も離れた場所に蚊帳《かや》を吊って、暫《しばら》くの間眠りについた。

II

リーフモンキーの肉は、葉っぱだけを食べる動物独特の臭みがあって、Kは大の苦手なのだが、その苦手さは、リーフモンキーの「糞便汁」と相俟《あいま》って増幅されているのかもしれない。

しかたない、それしか食べるものがないのだ。ぐっとこらえてリーフモンキーの肉を口に運んだ。リーフモンキーを二匹捕まえて狩猟キャンプに戻ったニュアが、彼が捕った「ニャキット」のことについて、狩猟キャンプのメンバーの前で小さな声で話し始めた。彼はリーフモンキーの通常の呼び名「バンガット」ではなく、ニャキットという「忌み名」で、獲物のことを呼んだ。

森の中を歩いていると、樹上で「リーフモンキー鳥」が、喧《けたたま》しく囀《さえず》っているのが聞こえてきた。そのヒヨドリの一種は、人間が近づいてきているから逃げろと、リーフモンキーに伝える。逆に言えば、リーフモンキー鳥が囀っていると、樹上にはリーフモンキーがいることになる。

ニュアは、警告を聞きつけたリーフモンキーが逃げてしまわないうちにと、鳴き声のするほうを目指して一目散に走った。しかし案の定、その場に辿り着く前にリーフモンキーたちは、木々の間を逃げていった。これまで何万回、何千万回と繰り返されてきたであろう、こうしたやり取りの中から、プナンはその鳥の名前を決めたことを、Kは思った。

しかしニュアは、何匹かのリーフモンキーが逃げ遅れたのを見逃さなかった。子ザルだった。今度は、抜き足差し足でゆっくりと忍び寄り、近距離からライフル銃で樹上のサルを仕留めた。その時獲れたのが、「糞便汁」となって老女を喜ばせ、Kを悲しませた二匹の子どものリーフモンキーだった。

ボルネオ島の低地の混交フタバガキ林は、林床の数メートルの高さの草本層、数メートルの高さで花を咲かせる低木層、一〇メートル以上に成長する亜高木層、林冠を形成する高木層および樹高六〇〜七〇メートルに達する突出木層から構成される。それは、ボルネオの森の「空中の階層」そのものである。ボルネオ島の空中の階層の上空からその高所を訪れる「トリたち」と、空中の階層を地面から樹上まで駆け上ったり下りたりする「サルたち」と、地上から空中の階層の高所で行なわれていることを想像する「人間」の、三者の間で織りなされる森の世界。その世界を、マレーシア・サラワク州（ボルネオ島）ブラガ川上流域の森に住む狩猟採集民プナンは手に取るように眺めている。それは、驚くべきことだ。そうKは思った。

III

Kがプナンのハンターについて森の中に猟に出かけた最初の時のことだ。ハンターは速足で森の中を歩いた。途中、何度か見失いかけたが、必死についていった。二時間ほど歩いて、その時は、獲物は何もなかった。

森を出て狩猟キャンプに戻り、焚き火にあたって一服した。その時、長ズボンの下で何度か、大きなアリに刺されたような激痛が走った。ズボンをめくってみると、膝《ひざ》から下が血だらけだった。吸血ヒルが二匹、血を吸ってブクブクに膨れ上がって、のたくっていた。プナンは、それらを山刀で掬《すく》い取って、遠くへ放り投げてくれた。

刺された時の痛さが強烈だっただけで、それ以外の痛みは、その時はそれほどではなかった。汗もかいていたので気持ち悪く、小川に行ってさっと水浴びをした。

数日経った。咬まれたところが、今度は猛烈に痒《かゆ》くなった。ヒルに咬まれたのは右足のくるぶしのあたりで、患部はミミズ腫れのようになり、熱を持ち始めたようだった。夜になると、ズキズキと疼《うず》いた。その何日か後には、患部から膿《うみ》のような、汁のようなものがドバーッと出た。それから数日雨が降らなかったせいで川は干上がり、水浴びができなかった。

水たまりがあった。淀んでいるのは知っていたが、プナンもみなそこで洗濯や洗い物だけでなく行水もしていたので、水たまりに水浴びをしに行った。

その日の夜、足の付け根の部分が腫れ上がった。痛みも感じた。くるぶしのミミズ腫れの部位には、文字通りミミズがいるようだった。Kが見るたびに、移動しているように思えた。

翌朝、プナンの女性が、薬草を採ってきてそれを煮出して、患部に貼ってくれた。すると、じめじめしていた患部が一気に渇いた。数日後にKは再び発熱し、今度はひどい頭痛に襲われた。一日寝ていたら熱は引いたが、右足のくるぶしがズキズキと痛んだ。

ヒルに咬まれてから約二週間、Kには症状がよくなるどころか、徐々に悪化しているように感じられた。車を乗り継いで一日かけて、ビントゥルの町に出た。ちょうど先住民の死者祭宴の期間で、クリニックはしばらくの間休業中だった。Kはしかたなく抗生物質を服用して、ホテルで安静にした。

二日後に開くのを待ってクリニックに行くと、年を取って鄙《ひな》びた感じの男の医者は患部を見て、ヒルの咬傷後、傷口から足に寄生虫が入ったのではないかと、所見を述べた。その疾患は、Larva Migran だと言った。寄生虫の幼虫によって引き起こされる皮膚病らしい。

ということは、二週間寄生虫を育てていたということか。でもって、Kはそれを観察していたのだ。

その頃までには痛みや疼きはそれほどでもなくなっていたが、痒みがときどき襲ってきていた。医者によれば、寄生虫は人体の中で、活動の盛んな温かい部位には行かない。心臓に近寄らないわけだ。体温の低い足のかかとあたりをあちこちに移動する。

どうりで、とKは納得した。そういえば、ずっとミミズのようなものが、かかとのあたりをクネクネとのたくっていた。それが、傷口から人体に入り込んだ寄生虫の正体だったのだ。

もう一〇年もこのあたりではこんな症状を見たことがないと、患者が不安になるような口ぶりで医者は呟いた。一〇年前には、Lyle社のとてもいい駆虫薬があったのになあ、と彼は来るのが遅すぎた患者Kに向かって言った。今は入手が難しいと思うけど、薬局に行ってとにかく在庫があるかどうか聞いてみてごらんと、医者はカルテに何やら書き込みながら言った。

町中の薬局を数軒回ったが、どこでも案の定、今ではその駆虫薬は入手するのが難しいと言われた。ある薬局で勧められるままに、Thelbanという名の薬を買って、服用することにした。

タイで製造されたその薬の説明には、回虫、鞭虫、蟯《ぎょう》虫あるいは線虫、鉤《こう》虫などの症状の改善に効果が見込めると書いてあった。鉤虫症とは、植民地時代の近代医療の歴史をテーマとする書物に出てくる、靴を履かない社会でしばしば発症する病気ではなかったか。

Kは一個の生命体の中に他の生命体が寄生し、成長し、生きて蠢《うごめ》いていることに思いをめぐらせた。事態に慄《おのの》いたその瞬間、寄生者たちがピクリと動いたような気がした。薬を服用してから、一週間くらいで痛みや痒みは次第に引いていった。

IV

ニュアがバンガットではなく、ニャキットと言い換えたように、動物を忌み名で呼ぶ習わしは、一風変わっているとKは思う。自分たちが狩り、殺してしまった動物の呼び名をころっと変えてしまうのだ。リーフモンキーには、プナンの隣人の焼畑民クニャーがリーフモンキーを呼ぶ名前を借用して、忌み名にあてている。

ヒゲイノシシの「マブイ」は「ブスルク」に、ホエジカの「テラウ」は「ペニャン」に、ブタオザルの「モドック」は「ウムン」に、シワコブサイチョウの「ベレガン」は「目が赤い《バロ・アテン》」に、コシアカキジの「ダター」は「平らなところにいるトリ《ジュイット・ダタア》」に……狩られた後に、動物たちは、それぞれの忌み名で呼ばれる。人間の死者に忌み名が付けられることはないのに、動物にだけ忌み名が与えられることは、とても不思議なことだとKは思う。

プナンは、狩られた動物に付け替えられる名前のことを「二つ目の名前」「弔いの名前」「控えめの名前」と、いろんな言い方で呼んでいる。プナンは、生きている時の動物の呼び名を、狩られて死んでしまった後になって口にすることを、タブーと考えているようだ。

では間違えて、あるいは不注意から、生前の名前を呼んでしまったら、どうなるのだろう。それは相当に危ないことらしい。それは、プナン語で「ポニャラ」にあたる。動物に対する人間の粗野な振る舞い、「過ち」を指す。

Kは、ある情景を思い出す。

V

ある時、Kを含む五人の男が、夜中に狩猟キャンプで微睡《まどろ》んでいると、いきなり突風が吹き荒れ、その直後に雷鳴が轟き、大粒の雨が降り出した。メンバーの一人、ラインが、唱えごとをするときにいつもそうするように、頭髪の一部をむしり取って、燃えさしの木片に押しあててから、その木片をキャンプの外へと向かって放り投げながら、しだいに激しくなる雷雨の中に立って、唱えごとをした。

雷のカミよ、稲光のカミよ。俺はあんた、雷のカミと稲光のカミと話している。嵐を起こすのは、ブタオザルのせい。雷のカミよ、稲光のカミよ、嵐を起こすのをやめておくれ。嵐を起こすのは、Kがブタオザルの写真を撮ったから。ドムとラセンがそれを笑って、そのことがあんたの気に障《さわ》って嵐を起こした。俺はあんたのために髪の毛を燃やした。雷のカミよ、稲光のカミよ、うなるのをやめておくれ！

その唱えごとのせいか、しばらくすると強風と雷雨は収まった。Kがラインに尋ねると、こんなふうに、その経緯《いきさつ》を説明してくれた。

天候の激変は、その日の昼間に、狩られて狩猟キャンプに持ち帰られたブタオザルをKが写真撮影しようとした時に、ドムとラセンが親切心から、死んだブタオザルにポーズを取らせたせいだ。あいつらはポーズをさせているブタオザルを見てゲラゲラ笑った。そのとんでもない粗野な振る舞いに怒ったブタオザルの魂は、天界へと駆け上がり、雷のカミと稲光のカミに告げ口したんだ。ドムとラセンの振る舞いはポニャラだ。俺は、雷鳴と大雨を止めるために、祈願文を唱えたんだよ。

狩られて死んだ動物の生前の名前を呼ぶことは、動物に対する人間の粗野な振る舞い、ポニャラなのだ。人間の粗野な振る舞いに心証を悪くして天界に駆け上がった動物の魂に同調して、カミたちが、人間どもを懲らしめるために雷鳴を轟かせ、雷を落とし、洪水を引き起こす。そのことを怖《おそ》れて、プナンは狩られた動物の名前を変えるのだと考えると辻褄が合う。そうKは思った。

VI

人間の粗野な振る舞いが、プナンが最も恐れる雷雨や洪水といった自然災害を引き起こす。Kは、今は亡きバヨから聞いた神話を思い出す。

昔、女が飼いブタをラウィンと名付け、育てていた。いつも呼んで餌を与えた。ちょうど、ブタと同じ名のラウィンという名のカミがいた。女がいつも自分の名を呼ぶのを腹立たしく思い、ラウィンと呼ばれているブタを川べりに生き埋めにした。そして人間に天罰を与えるために、大雨を降らせた。女は川の近くでヘビを見つけ、それを料理した。そのヘビは、実はカミであるラウィンの化身だった。煮られている間に、女がラウィンという名のブタのことを呼んでいたことを知ったヘビは、自分の間違いに気づき、これから洪水になると、女に告げた。女は兄とともに逃げたが、他の人たちはみな死んでしまった。その兄と妹は果実を川に投げ入れて、洪水が迫ってくるのを知り、どんどんと高い場所へ逃げて生き延びた。そして、リスが交尾するのを真似てセックスをし、子孫をどんどん増やしていった。それがやがてプナンになった。

ヘビでもあるカミは、最初、人間から自分の名前を呼ばれるのを嫌がった。人間の粗野な振る舞いに心証を害したヘビは、大雨を引き起こした。しかしヘビは料理されている時にようやく、自分のことではなく、ブタのことを人間が呼んでいたことに気づいて、人間にこれから洪水になるだろうと予告した。そのおかげで救われた人間たちが、プナンとなって繁栄したという。

動物は自分の名前を呼ばれると、いい心地はしない。明かされたその秘密は、狩られて死んだ動物の名を変えて呼ぶというプナンの習慣につながっているのだ。Kはそう思う。

VII

「サルは左利きだ」と、プナンが言うのをKは何度か耳にした。厳密に言うと、そういった言い方をプナンがしたわけではない。するわけがない。というのは、プナン語には「サル」という動物分類のカテゴリーがないからだ。

カニクイザル、リーフモンキー、赤毛リーフモンキー、テナガザル、ブタオザル。プナンが住む混交フタバガキ林に住むこの五種は、科学的分類では確かに霊長類だが、プナンはそれらを、マメジカやヤマアラシ、ヒゲイノシシなどと同じように「動物」に分類している。「サル」というカテゴリーはない。ちなみに、イヌは動物ではない。「イヌ」という独自のカテゴリーを持つ。

サルが人間に似ているとは、少なくともプナンは思っていないらしい。サルがヒトの祖先だと小学校の授業で習ったあるプナンの子どもは、とてもびっくりして、走って帰って、それがほんとうかどうかを親に尋ねたらしい。そのことに、親たちもいっしょに驚いた、とジャガンはKに語った。

プナンの神話では、動物が人間になるということはあり得ない。プナンには、そういう進化の道筋はない。キリスト教にもないのかもしれないが、キリスト教は神が人間を創ったと言う。プナンでは、人間がもっぱら動物になる。

樹の上に登って人々にしょんべんをかけ散らして顰蹙《ひんしゅく》を買った男は、体からいつもくさい臭いをさせるスローロリスになった。人間どもに大木を切れと命じた王様は、そこからちっぽけな耳かきを作るという目論見を明かした後に、くさい屁《ひ》を放るだけのキエリテンになった。下流に住むマレー人たちは森に出かけて、ヒゲイノシシになったともいう。

五種の「サル」は、プナンの言葉で「〜ザル」とか「〜モンキー」というような、共通の名前で呼ばれているわけではない。だから、彼らは五種をけっして一括りにすることはないのだが、木に登る動物であるという共通性を感じとっているのは確かだ。

リーフモンキー（プナン語でバンガット）は、樹上高くに暮らしていて、いつも葉っぱばかり食べていて、地上に降りてくることなどない。テナガザル（クラヴット）は樹上にいて、枝から枝を、長い手を使って飛び回る。カニクイザル（クヤット）は、時々地上に降りてくる。ブタオザル（モドック）は、よく地上を歩いている。赤毛リーフモンキー（クラシ）には、森の中で出くわすことはほとんどない。遠くの山の中に住んでいる。

赤毛リーフモンキーを除いて、四種の力の強さをランク付けすることがある。ブタオザル、テナガザルの順に力が強い。リーフモンキーとカニクイザルはひ弱だという。

これらの「サル」たちは、仲間を威嚇したり、争ったりする時には、左手を振り上げる。「サル」たちは、左利き《レフティー》なのだ。ほんとうなのだろうか、とKは思う。どうやら、霊長類にも利き手はあるようだ。ニホンザル、アカゲザル、ベニガオザル、カニクイザルには左利きが多いという報告がある。しかしすべての霊長類に左利きが多いかというと、どうやらそうではなさそうだ。

VIII

夜が明けると、人々がまだ狩猟小屋の蚊帳の中で微睡んでいる間に、キャンプのビッグマン（プナンが「大きな男《ラケ・ジャアウ》」と呼ぶリーダー）であるマガイが大きな声で話し始めた。その狩猟キャンプには、やや離れたところにまで、小屋が全部で四つあった。Kも蚊帳の中でまだ横になったままだったが、聞こえてくるビッグマンの言葉に耳を傾け、何を言っているのか理解しようとした。

だがKが聞き取れたのは、オオミツバチと、狩猟に備えよ、という言葉だけだった。後でKが寝泊まりしている小屋のジャガンに尋ねてみた。ビッグマンは、オオミツバチが突出木メンガリスの中上部に巣をつくると花の季節が近いので、そろそろ狩猟の準備をしておくようにと言ったということだった。

ボルネオ島の混交フタバガキ林では、ある時期が来ると、どこででも一斉に花が咲き、実がなるということはない。季節性がないため、ある場所で花が咲いても、川を渡った向こう岸の森では花が咲かないこともある。そこでは、ある場所の植物で一斉に花が開き、その後、一斉に実を結ぶという現象が見られる。

マガイの言葉は、このことをとらえたものだった。彼は遠出した誰かから、樹高七〇メートルほどの突出木の中上高層にオオミツバチの巣があるのを目撃したという情報を得たらしい。オオミツバチは、一斉開花する場所を察知して、その直前に混交フタバガキ林にやって来る。盛んに花粉を集めて働き蜂を増やし、新しい巣を作る。そして、一斉開花期が終わりに近づくと、オオミツバチは旅立ちに備え、燃料となる蜜をため込む。

オオミツバチの巣を見つけると、プナンは森に入って、植物や動物から毒を集め、毒矢のストックをつくるだけでなく、銃弾を手に入れたり、吹き矢やライフル銃の整備を進めたりする。一斉開花の数ヶ月後には、大量の実がなる。

果実の季節は、人々が食べることができる喜びの季節でもある。実を食べにトリがやって来たり、樹上性のサルがやって来たり、落ちた果実を求めてヒゲイノシシやシカなどの地上動物が樹下に集まってくる。プナンは、果樹を見つけて、あるいは落下している果実を見つけて、そこに動物がやって来るのを待ち、仕留める。

そのために、吹き矢の矢毒を集め、ライフル銃の点検をし、銃弾を手に入れるなどの準備をしておけと、その朝ビッグマン・マガイは述べたのだった。「オオミツバチがやってきたら、狩猟の準備をせよ」というのは、プナンの金言でもある。

Kは、プナンが森の自然の原理に従って、とても合理的に動物の狩猟を行なっていることを知った。

Kはすぐさまジャガンに、オオミツバチが巣を作った木を見に行きたいと申し入れたが、その時は遠いからという理由で断られてしまった。それから二日は、獲物が獲れなかった。

夜に、オオミツバチの巣があるという場所の周囲にヒゲイノシシの足跡が残されており、その先の油ヤシ・プランテーションの夜の待ち伏せ猟で、プナンの居住地近隣に住む焼畑稲作民クニャーがヒゲイノシシを二頭仕留めたという情報がもたらされた。それで、三日目の午前になって、狩猟に出かけることになった。

IX

ジャガン、ウマイ、ドムとKの四人が、二艘の舟でブラガ川を遡った。一行はやがて川岸に舟を置いて、歩き始めた。その急斜面を一気に登り切ったところに、絞め殺しイチジクの大きな木があった。そこでいったん休憩した。

イチジクの果実は、トリや動物たちに食べられて、糞とともに排出され、発芽して、そこに立っている木の幹を伝って根を伸ばす。根がやがて分枝し、木の幹を網状に覆うようになると、木は枯れてしまい、幹は中空となる。

じっと絞め殺しイチジクを眺めているとKには、地表に落とされたイチジクの種子が、意識や思考の原初形態のような、成長するための意志や志向性を持っているように感じられた。Kは咄嗟《とっさ》に、イチジクには魂はあるのかと彼らに問うてみた。

「ない」

即答が返ってきた。絞め殺しイチジクの大木を眺めながら、ウマイは、それは「髪の長い美しい女のカミ」だ、昔のシャーマンには、その女神の姿が見えたんだという。中空の幹は穿《うが》たれた孔《あな》の奥の深い神秘であり、森を歩く男たちにとっては、それは神々しい女性的な存在であると感じられるのではないか。

ウマイは直観的に自然の働きを語った。絞め殺すことは、プナンが狩猟で用いることのない、自然のもつ「力」だ。イチジクの枝は、時間をかけて元の木をじわじわと締めつけるようにして枯らせてしまう。そのことをウマイは、髪の長い美しい女のカミと見立てたのではないか。

X

再び一行は歩き出し、森の中を進んで、しばらく行くと、少し開けたアダー川の川べりに着いた。これまでのところ、ヒゲイノシシの足跡はあるが、その日に付けられたものではなく、跡が消え入りそうなものばかりだった。そのうち木陰に、おそらく一ヶ月から数ヶ月前に放棄されたのではないかと思われる朽ちかけた小屋が現れた。近くで見ると、先を歩いていたウマイとドムがその小屋に上がり込んで、寝そべっていた。一人は寝息を立てていた。Kとジャガンも上がり込んで、休憩した。

しばらく休んでいると、小屋の梁の部分に何か動くものがあった。よく見えなかったのでKが音の先を凝視すると、ジャガンは「ヤモリだ」と言った。そして、こんな話をしてくれた。

昔、小屋は歩いていた。ヤモリには子どもがいた。ヤモリが川で子どもに水浴びをさせているときに、小屋が歩いてやってきて、ヤモリの子どもを踏み潰して、死なせてしまった。ヤモリは怒って、小屋の柱を思いっきり殴った。その後、小屋は動かなくなってしまった。

かつては小屋が一人で歩いていた？　着想が奇抜すぎて、一回聞いただけではつかまえきれなかったので、Ｋはもう一度話してくれとせがんで、今度はメモを取りながら話を聞いた。ウマイが微睡みから目覚めて近寄ってきた。メモを取りながら聞いても、Ｋには話の要点がピンと来なかった。

この話の意味に合点が行ったのは、それから数ヶ月後のことだ。小屋はある時、怒ったヤモリに殴られて、直立二足歩行するという「人間性」を失ったという話だということは、Ｋはなんとなくつかみかけていた。

狩猟キャンプで暮らしていると、その周辺で獲物が獲れなくなった場合には、別の場所に移動する。別の場所は、すでにあたりがつけてある。Kはその時、プナンについて、荷を担いで次の土地へと移った。そこには、先発隊によってすでに小屋が建てられていて、小屋があたかも自力でそこまで歩いてきたかのように感じられた。あの神話は、このことを言っているのではないかと直観的に分かったのだった。

XI

再び歩き始めた一行がアダー川の川べりを辿った時には、太陽がすでに真上にあって、暑さで体力を奪われた。やがて森の中に入り、尾根を伝って歩いた。険しい道だったが、高木に覆われた薄暗い森はとても涼しく、Kには心地よかった。

ギャップに出ると、ジャガンが指差した一〇〇メートルほど先に、メンガリスの突出木があった。その木の中上層に、幾つかの膨れた部分があるのが見えた。それが、オオミツバチの巣だった。それから数ヶ月後に到来する一斉結実の季節に向けて、プナンは準備を進めていくのだろう。

再び森の中を歩き始めて間もなくのことだ。ウマイが足を止めて、上空をじっと見上げた。直後、黒い大きな影が樹冠の真上を通り過ぎた。羽を羽ばたかせる大きな音が聞こえた。トリの羽ばたきが、こんなにも大きな音を立てるとはKは知らなかった。

ウマイは、籐の籠を地面の上に置いたと思うと、適当な木を見つけて、幹の向こう側に両手を回し、足の反発力を利用しながら、みるみるうちに木を登っていった。肉眼でははっきり見えなかったが、遥か三〇メートルほどの高所の木の股になったところに辿り着くと、そこに腰かけたようだった。同時に、ライフル銃を構える姿勢を整えているようだった。

その間わずか二〜三分。準備が整うと、彼は、クォクォクォクォ、カカカッカと、オナガサイチョウの鳴きまねを始めた。その声が天空に向けてよく響き渡る。Kには、ほんとうにオナガサイチョウが鳴いているように聞こえた。

ウマイが鳴き声を二度繰り返すと、それを聞きつけて、先ほどのトリが近くに戻ってくる手ごたえがあったようだ。もう二回鳴き声を繰り返すと、Kのいる場所からは見えなかったが、どうやらオナガサイチョウが戻ってきたようだった。暫くの間、沈黙があった。しかし、銃声は聞こえなかった。

その後、一〇分ほどして、ライフル銃を肩から下げて、ウマイはするすると木を降りてきた。何も言葉を発しなかったし、他のプナンも何も問わなかった。オナガサイチョウの猟は、不首尾に終わったようだった。

XII

雨が降った後に歩くと、石鹸を塗ったように足が滑るために、「石鹸山」と呼ばれている山がある。その後、一行は石鹸山に広がる油ヤシ・プランテーションの敷地に入った。陽はすでに地平線上にあった。油ヤシ・プランテーションには、油ヤシの実を、その前日あるいはその日に食べに来たのであろうヒゲイノシシたちの真新しい足跡があちこちにあった。ハンターはそれぞれ分かれて、ヒゲイノシシの来そうな場所に陣取って、待ち伏せることになった。

気がつくと、とっぷりと夜の闇に包まれていた。Kはジャガンとともに、夜の中に溶け込んで、闇と一体化した。近づいてくるヒゲイノシシにも感づかれることがないように、夜の闇の住人となった。まんじりともせず、ちょうど腰かけるのにいい石の上に座り続けた。二人は、聴覚だけを頼りに、ヒゲイノシシがやって来るのをひたすら待ち伏せた。

昼間、長時間にわたって歩いた疲れもあって、Kはやがてうとうとした。その時である。遠くで大きな銃声が聞こえた。ジャガンは声をひそめて、ウマイたちが撃ったのだろうと言った。

待ち伏せを始めてから六時間ほど経過し、午前一時近くに、待機場所の後方の草叢がごそごそと音を立てた。ジャガンが懐中電灯であたりを照らすと、別の場所で待ち伏せをしていたウマイとドムだった。ヒゲイノシシにその後動きがないので、このあたりで諦めて帰ろうと、誘いに来たのだった。

先ほどの銃声は、ウマイが至近距離からヒゲイノシシを撃った時の音だった。ウマイとドムは、一人では持て余す大きな獲物を半分にぶった切って、担いでいた。

XIII

すぐさま一行は、来たのとは違うルートを辿って帰路についた。月夜ではなかったため、懐中電灯の明かりを頼りに、みな無言で歩き続けた。

油ヤシ・プランテーションの中の道を歩いている時に、五〇メートルほど先の樹上を懐中電灯で照らすと、二つの目が光った。夜行性動物がいる。ジャガンは小走りに至近距離まで近づいて、その二つの目を目がけてライフル銃で撃った。

それと時をほぼ同じくして、銃声が聞こえた。先手を行くウマイとドムも、何かを射撃したようだった。

獲物をつかみ上げたジャガンは、「夜の動物《カアン・モレム》」と、忌み名を用いてその動物を呼び、Kに見せてくれた。プナン語では「スリヤット」と呼ばれる、夜行性のベンガルヤマネコだった。二人は前進した。

夜明け頃に、木材伐採企業の車がそのあたりを通過するのを待って、便乗させてもらうのがいい。雨除けのビニールシートを張って、一行は地べたで仮眠をとる態勢を整えた。

ジャガンが仕留めたベンガルヤマネコをその場で解体して、食べることになった。前日の朝以来何も口にしていなかった。ウマイも樹上の光る目に気づいて射撃したが、命中せず、獲物を逃がしてしまっていた。

ジャガンらが火を焚き、食事の準備を始めた。疲労困憊し、眠くてしかたがないKは地べたにへたりこんだ。ほんの少しだけでもいいから、寝たいと願ったのだった。Kは、枕大の石の上に後頭部を置いて、眠ろうとした。

その時Kは、体の上を、何かが動き回っているのに気づいた。耳の回りでシャカシャカシャカシャカ……と奇妙な音がしていた。懐中電灯で照らすと、無数の大きなアリだった。体長三センチほどの、夥しい数の大きなアリが這い回っていた。胴は黄色、お尻の部分は真っ黒で、パンパンに腫れ上がっている。Kは恐怖でのけぞった。一瞬、ヒッチコックの映画『鳥』が頭をよぎった。数匹のアリが、衣服の隙間からKの腹部へと達し、肉に噛み付いたようで、それから数日の間、痛みと痒みが残ることになった。

最初Kは、それらを手で振り払っていた。しかし、そんなことをしていては眠れないので、持参したレインコートをナップザックから引っ張り出して、それで頭からすっぽりと全身を覆うことにした。Kはアリたちの侵入を遮って、何とか眠りに落ちた。

それから、どれくらい時間が経過しただろうか。焚火はまだチョロチョロと燃えていたようだった。あたりは深い静寂に包まれていた。夢とうつつのはざまで、シャカシャカシャカシャカというアリの音がKの頭の中に大音量で響き渡った。Kのまぶたには触角を揺すりながらうごめく巨大なアリたちが映し出された。

アリが人間大になったのか、はたまたK自身がアリの大きさにまで小型化したのかははっきりとしなかった。いずれにせよ、その時、Kはアリの世界の一員になっていた。

黙って獲物の食を準備するプナン。研ぎ澄まされた夜の聴覚。化学繊維の布地を大音量で歩き回り、大写しになって現れるアリたち。それは、ほんの二、三〇分ほどの出来事だったに違いない。

Kは、肩のあたりをゆすぶられた。

「肉を食えよ」

XIV

Kの脳裏には、暫くの間、巨大なアリたちの像が残っていた。Kが見たのは、たぶんプナンが日頃見ている森の中の現実、あるいは神話をつうじて語られる生きものたちの世界ではなかったか。

森の中を歩いていると、林冠の上をシワコブサイチョウが悠然と飛んでいるのが、音をつうじて分かる。サイチョウやオナガサイチョウが大きな羽音をさせて、空を飛んでいく。森の平らな場所には、土を足で踏みならし、落ち葉などを取り除いて綺麗にしてから座ったセイランの痕跡が残されている。大型のキジの一種だ。

夜が明けてしばらくすると、森の遠くから、オスとメスのテナガザルがデュエットしながら奏でる、とても印象的なグレートコールが聞こえてくる。森閑とした混交フタバガキ林の奥から、ふと、ヒゲイノシシが落下した果実を齧っている、コッ、コッ、コッという大きな音が森全体に響き渡る。

こうしたありふれた森の現実は、起きているのか寝ているのか分からない微睡みの中で、プナンが見るイメージに具体的な像を与える。Kは自分が垣間見たアリの世界は、プナンが見る森のイメージのようなものではなかったかと思う。

XV

加えて、プナンはまた、動物の振る舞いに関するイメージを、神話から豊富に授けられる。

ある時、木の上に登った男が小便をしたため、木の下にいた人たちは尿まみれになってしまった。そのことに腹を立てた男がそのしょんべん男の上に登って、そこから放尿して、しょんべん男に尿をかけ返した。このしょんべん男は、肉が尿の味がするスローロリスになった。

男はしょうもない所業の結果として、人間ではなくなってしまったのだ。体が臭く、嫌われるだけの動物になってしまった悲しきスローロリスへの憐《あわ》れみのようなものが語られているように、Kには思われる。スローロリスになってしまったとは言え、その動物は、人間のようでもあるのだ。

Kはまた、トリ、ブタオザル、フンコロガシ、コウモリなどのたくさんの動物が出てくる神話を思い浮かべる。

トリとブタオザルが船漕ぎ競争をした。トリは川に落ちて羽が濡れてしまい、それ以上先に進むことができず、ブタオザルに負けてしまった。

次に、ブタオザルに挑戦したフンコロガシは、船から川に落ちたが、漂う木片にうまく乗って、ブタオザルよりも早くゴールに到達して勝利した。フンコロガシは、今度はコウモリと船漕ぎ競争をした。コウモリは前に行く船をつかんで、自らが先にゴールした。その不正がバレ、コウモリはそれ以降、頭を下にして、逆さまになって眠る動物にされた。

競争に勝ったフンコロガシはその後、カミに、美しく麗《うるわ》しくしてほしいと望んで、聞き届けられた。次に、叩かれても痛くないようにしてほしいと願い出て、そのことも聞き入れられた。さらに欲を出したフンコロガシは、今度は自分をカミにしてほしいと願い出た。断られただけでなく、それ以降いつも糞を転がすだけの虫にされてしまった。

不正が見つかって、カミに頭を下にして逆さまに眠るようにされたコウモリ。欲を出して、カミに対して自分をカミにしてくれるように願い出たため、一生糞を転がし続ける虫にされてしまったフンコロガシ。いずれも、どことなく人間臭さを持った生き物として描かれている。それらは哀れな人間のようでもある。

このフンコロガシには、救いのある後日譚がある。フンコロガシは、地上では糞を転がし続けて、それを地中の住処にまで運ぶだけなのだが、地中では、ピカピカで立派な屋敷に暮らしていて、とても裕福な生活を送っているというのだ。

Kは、プナンと行動をともにするうちに、こうした多自然的な宇宙に次第に深く魅了されていった。

XVI

プナン語で花は、ブンガ（bunga）と言う。マレーシア・インドネシアの諸語に広く共通する語である。プナン語には、ngebunga という語がある。「飾りつける」という意味である。しかしプナンには、花を髪や身体につけたり、空間に飾りつけたりする習慣はない。

さらに、花を贈る習慣もない。それぞれの花に、特有の意味を与えることもない。栽培や飼育を毛嫌いするのではないにせよ、自然に手を加えたものを野生のものよりも一段低いものとみなしているプナンは、鑑賞するためだけに花を育てるようなことはけっしてない。

近隣の焼畑民のロングハウスに立ち寄ることがある。一方に居室が並び、もう一方に通廊という共同空間が広がる細長い高床式のその居住建築物の庭には、観賞用に植えられた花壇がある。だがプナンは、それらに何の興味も示さない。言ってみれば、プナンは、花そのものに関して、あまり価値を見出さない。その意味で、花をめぐる文化がないと言えるのかもしれない。

花は森の中にはない、とプナンは言う。実際、Kも、昼なお暗い鬱蒼とした森の中で花が咲いているのを見たことはない。花はふつう森が終わる場所に咲いている。私たちはフラワーガーデンなどで、しばしばうっとりするくらいに咲き乱れ、咲き誇っている花を目にする。しかし、森の中では、そのような花々に出くわすことはない。熱帯の暑熱を浴びながら、ひっそりと、しかし精一杯、森の終わるところで咲いているというのがKの抱いている印象だ。そこで花は、ムシやトリたちについばんでもらって、花粉を遠くに運んでもらうために、周囲から突出して、自らを目立たせるために咲いている。

花に魅かれるのは、人間を含め、あらゆる生きものの習性なのであろうと、Kは思う。花はいわば、森そのものの範囲をどんどんと押し広げてゆくための先遣隊として、森の入口に自らを開く。

花の文化こそ貧相なものの、プナンもやはり花を美しいと言う。その意味で、花に魅かれている。プナン語で、美しいは、ジアンナート（jiannaat）。ジアン（jian）は「よい」、ナアト（naat）は「見る」。つまり、見てくれがいいことが、美しいことである。プナンは、こういう言い方もする。

「おまえは誰に会いたいのか（見たいのか）？（Siah Kau ju naat?）」

会うとは見ることである。美しいとは、私たちが出会うよいことである。花が美しいとは、見てくれがいい花に魅かれることである。

男女交えて数人のプナンにKは、もっとも美しい花は何かと尋ねてみた。一様に

「骨の籐」という返事が返ってきた。でもなぜ、それは「骨」と呼ばれているだろうのか。彼らは理由など知らないと言った。

それから数年後に、Ｋは、森の入口に咲いている「骨の籐」を見た。白い花だった。その花が骨の籐と呼ばれている理由がＫには、分かった気がした。それは、咲き乱れているのでも、咲き誇っているのでもなく、まばらに、ひっそりと「骨」のような白色をして、咲いていた。

インタールード

ジャカルタのモエ・エ・シャンドン

Kは中学生の時、生まれて初めてLPレコードを買った。クイーンの「オペラ座の夜」だった。一九七六年か七七年ごろ、クイーンがすごい人気だった。

話はそれから一二、三年後の一九八〇年代後半に飛ぶ。伝説のボーカル、フレディ・マーキュリーはまだ生きていた。

その頃Kは、インドネシアの首都ジャカルタのクボン・シリー通りにある安宿の屋上にある部屋に寝泊まりしていた。屋上には三つ部屋があった。

ある夕暮れ時、階段を上がると、屋上のスペースで、二人の男がクイーンの"Love of My Life"をアカペラで歌っているのが聞こえてきた。元の曲は、「オペラ座の夜」のB面の二曲目に入っている。

でっかい夕陽に向かって彼らが歌うその曲を聴いていたら、Kは涙が溢れてきた。話しかけると、彼らはペルシャ系ドイツ人と、そのパートナーであるイギリス人のゲイ・カップルだということが分かった。

その場で彼らと意気投合し、彼らの部屋に誘われて、酒を飲み始めた。

二人は、旧西ドイツで出会い、東欧諸国を経て、トルコから陸路で東南アジアまで旅をしてきたようだった。彼らは旅に出る前の話や、旅先の話をしてくれた。Kは、勤めていた会社を辞めて、日本からジャカルタにやって来た自分のことを話した。それからそこで、二晩ぶっつづけで酒を飲み交わした。

その間に一度、彼らがジャカルタの中心街にまで酒を買い足しに出かけたのだと思う。いや、ビッグサイズの二人のトランクの中に入っていたのかもしれない。いまとなってははっきりしないが、その時、モエ・エ・シャンドンというシャンペンを、生まれて初めて飲んだ。

彼らはフレディに心酔していたようだった。「フレディは、本当の詩人だ！」としきりに言っていた。

Kは、いつ自分の部屋に戻ったのか覚えていない。目覚めたのは、夕方だった。起き上がると、酷い頭痛だった。

ドアの下に、"To Japanese boy, thank you, good journey"と書かれた手紙が差し込まれていた。二人は、さよならも言わずに立ち去ったのだ。

それからKは、彼らには会っていない。名前も聞いたのかもしれないが、思い出せない。

Kには、旅する二人、クイーンのアカペラ、フレディ・マーキュリー、モエ・エ・シャンドンのことが、強烈に記憶に残っている。

中学生や高校生の頃、Kは友だちとの間で、よくLPレコードの貸し借りをした。「オペラ座の夜」を貸して、「シアー・ハート・アタック」を借りたことがあった。そのアルバムに、"Killer Queen"が入っていた。その曲は、

彼女は飾り棚に、モエ・エ・シャンドンを持っている。『ケーキを召し上がってもらいなさい』と、彼女は、マリー・アントワネットのように言う

というフレーズから始まる。

クイーンを聞くと、Kは、ジャカルタの安宿の屋上を思い出す。

時間性

I

諸説入り乱れているが、ブラガ川の狩猟民プナンの居住地で、ある時、こんな風説が流布した。

舞台は、サラワク州の奥地のバルイ川の上流に住む焼畑民のある村。ある日、夫は妻と子を残して、川に投網漁に出かけた。彼が家に戻ると、一面血の海で、妻と子の首が狩られていた。首から下の身体だけで、二人は血だらけで斃れていた。夫が大声で助けを求めると、村人たちが集まってきた。すぐさま、犯人の探索が進められた。

探索隊はその後、二人の男が首を携えているのに出くわした。いきなりライフル銃でそのうちの一人を射殺した。もう一人の男は死ななかったので、村に連行して、村人全員で寄ってて集《たか》って槍で突き殺した。二人の首狩り人たちは、バラム河の河口に大きな橋を掛ける建設の計画があり、地霊を鎮めるために、人身御供として人の首を探していたらしい。

まことしやかに伝えられたこの話の真偽について、Kは行く先々で、いろんな人に尋ねてみた。が、この話のどこからどこまでが事実で、どこからどこまでが想像の産物なのかは、今一つはっきりしなかった。新聞には、バルイ川で母子の殺人事件があったことだけが掲載されていたらしい。たぶん、であるが、本当はそのことだけが事実で、首狩りはなかったのかもしれない。

バルイ川の首狩り殺人事件が伝えられると、プナンの居住地では、首狩りに対する恐怖と警戒心がしだいに高まった。大人たちは、ひっきりなしに子どもたちの名前を呼ぶようになった。

「バヤ、どこにいるの？　帰ってきなさい」

親たちは、子どもたちが近くにいることをつねに確認し、首狩り人、プナン語でプニャムンがうろうろしているので、子どもたちに出歩かないように強く命じた。

「ボレン、どこにも行くなと何度も言ってるでしょ」

橋やダムの建設があちこちで進められている今、噂では、人間の首はひとつ八万リンギット（約二四〇万円）で売られているという。首狩り人は、借金苦を抱えている。あるいはマフィアの手下で、金や忠義のために、とにかく誰の首でもいいから狩ろうとする。だから、見知らぬ人たちには気をつけろ。

プナンは過去の首狩り事件のことを持ち出した。五、六キロ離れたプナンの居住地での一〇年ほど前の出来事である。若い女たちが連れ立って森の中の「糞場」（森の中で野糞をする場所）に行った。その時、見知らぬ男たちが目撃されている。その男たちは首狩りの下見に来ているふうだった。まもなく、糞場をうろうろしていた近隣の焼畑民の一人の男性が、狩猟用のライフル銃で射殺された。

バルイ川の首狩り殺人事件の風説が流れてから、首狩りに対する恐怖心がどんどん高まった。一〇日ほど経ったある夜のことである。午後一一時、人々がそろそろ寝始めた頃、ひとりのプナンの男性が、突如大声で話し始めた。離れた場所からでも、その声が恐怖で打ち震えているのが分かった。

居住地の裏手から、人の話し声がするのだという。場は騒然となった。

すぐさま、大人の男性数人がライフル銃を抱えて、懐中電灯で照らしながら、話し声のする方へと向かった。そこには誰もいなかったが、数人の男のものと見られる足跡が残っていた。そのことが、帰ってきた男たちから報告された。

その翌朝の午前一一時頃のことである。リュックをかついだ六人の見知らぬ男たちがふらりと現れた。彼らは、プナンの居住地内の敷地を抜けて、川岸にある船着き場に行こうとした。

プナンの男性が、男たちの一人に近づいて、どこから来たのかと尋ねた。彼は、聞いたこともないような土地の名前を口にした。これからどこに行くのかと尋ねると、ある会社の油ヤシ・プランテーションの名前を出した。

そのやり取りの最中に、プナンの老人は、吹き矢を持ち出した。ある女性は腰に刀を巻き、槍を手にした。プナンの男が六人に向かって、その油ヤシのプランテーションにはここからは行くことができないと伝えると、来た道を黙って引き返していった。

六人の男たちが帰った後、プナンは集まって、話し合った。あいつらの様子はどう見ても怪しい。昨晩こちらの様子を窺っていたのは、あいつらだ。六人は首狩り人に違いないというのが結論だった。ライフル銃を携えた総勢十数人の男たちが、首狩り人の探索隊を組織した。すぐさま、モーターバイクと徒歩で出発した。

数時間後に、探索隊のメンバーが戻ってきた。奴らはもうどこにもいない、すでにどこかに行ってしまったと、口々に興奮気味に報告した。メンバーは全員酒を飲んででき上がっていたため、奴らはみな山刀を所持していたとか、足跡が途中で無くなっていて、首を求めて車で違う場所に向かったとか、どこまでが事実でどこからが憶測なのか分からない話をした。それを聞いていた女たちは、あの時、吹き矢や槍で殺しておくべきだったと悔しがった。

それから二週間ほどの間に、その六人かどうかははっきりしなかったが、首狩り人たちが下流の町で警察に捕縛されたという話が伝えられた。これも、真偽のほどは定かではない。

プナンはその頃、ことあるごとに首狩り人の恐怖を語った。そして、警戒を怠らないように、互いに注意を喚起し合った。

II

ボルネオ島では、一九二〇～三〇年代になると、イギリスの民間人がつくった植民地政府の調停によって首狩りは行なわれなくなった。だが首狩りの恐怖とそれへの警戒心は、首狩りが行なわれなくなった後にも島内に広がっている。今しがた見たのは、首狩りに対する恐怖心の高まりのプナン・ヴァージョンだったのではないかとKは思う。

今日でも、橋やダムなどの建築計画があると、マネージャーが地霊を鎮めるために、人間の首を求めて、建築現場から離れた場所に首狩り隊を派遣することがあると考えられている。その場にいると、首狩りに対する人々の恐怖には、圧倒的な現実感がある。居住地の人たちが、同じような内容を、ちょっとずつ言い回しを変えて話すのをしょっちゅう耳にしていると、Kにはバルイ川の首狩り事件や、周辺に首狩り人が頻繁に出没しているという話は「事実」としか考えられなくなる。

首狩り人という言葉を耳にした時、子どもたちは、あからさまな怯えの表情を見せる。泣きじゃくる幼子もいる。子らの表情を見て、大人たちの戦慄《せんりつ》もいや増す。

ところでプナンの居住地では、首狩りに関して伝えられている英雄譚がある。プナンがまだ森の中を遊動していた、二〇世紀初頭の頃の話だ。プナンには、首狩りの習慣がなかった。それは、イバンやカヤンなど、焼畑稲作民の慣行だった。

あるイバンの男が、プナンのビッグマンであるクベンのところにやって来て、これから他のプナンの居住地に首狩りに行くことを伝えた。イバンの首狩り隊はすぐに、そのプナンの居住地に出かけていった。だが彼らは逆に、吹き矢の反撃にあって、這《ほ》う這《ほ》うの体で逃げ帰ってきた。矢毒で傷ついたイバンは、クベンに助けを乞うた。

クベンはプナンたちに、獣肉や魚肉を燻製にする時に使う大きな台を作らせた。その台の上に、イバンの戦士たちを座らせると、頭の上からすっぽりと全員を大きな葉っぱで覆った。下から火をどんどん燃やし、もくもくと煙を送った。クベンは、たとえ熱くて死にそうになっても、台からけっして降りるなと命じた。

毒が体中に回って死にたくないイバンは、その命に従った。しかし逆に、吹き矢の毒が体中にほどよく行き渡って、イバンはみな悶《もだ》え死んでしまった。人間が燻製になった。クベンは、イバンを騙して殺害したのだ。

この話は、首狩りに怯えるプナンに、首狩り隊に対抗しうる知略を備えた別の面があることを示している。クベンは今日、機転の利くビッグマンとして記憶されている。プナンは、首狩りの恐怖と警戒心をあらわにする一方で、よく英雄クベンの話もする。

III

二〇〇六年四月から一年間プナンのもとに滞在した時、Kには擬制《ぎせい》的な父親ができた。ウダウは、共同体を統《す》べるビッグマンだった。共同体の中でもひときわ小柄で、シャツを着ていたり着ていなかったりだし、着ていても誰よりもみすぼらしいなりをしていた。他の人たちを押しのけて座の前列に進み出るようなこともなく、狩猟小屋の隅の方で静かにしているだけで、日頃は口を開いてもぼそぼそとしか喋らなかった。最初のころKは、ウダウがリーダーだと言われてもピンと来なかった。

人々がまだ蚊帳の中で微睡んでいる時刻、ウダウは人が変わったように、朗々と響く声で朝の号令をかける。今起こっていること、何をすべきかを、切々と人々に語る。別の小屋なので姿は見えないが、Kはそんな光景に何度も出くわした。だが、ビッグマンが喋っていると言われても、ウダウとは違う誰かが、緊急に解決しなければならない問題などを取り上げて、語っているに違いないと長いこと思っていた。

Kは、プナンの分かち合い《シェアリング》やリーダーシップについて、さらにはかつて遊動民《ノマド》だった頃のプナンの行動や神話などについて、ウダウからたくさんのことを学んだ。一年間の滞在が終わりに差し掛かった二〇〇七年の二月には、ウダウから「お前は息子だ」と言われた。

「お前は今日からブラユンだ」

グループの祖先たちがウスン・アパウと呼ばれる森の中を遊動しながら暮らしていた時代、ウダウから数えて二世代前のビッグマンの名だった。以来Kは、プナンの共同体のどこに行こうと、ブラユンと呼ばれるようになった。

二〇一四年の八月、半年ぶりにプナンの居住地を訪ねたKは、父ウダウがひと月ほど前に病死していたことを知らされた。早速Kは、マレーシア連邦政府が二〇一〇年にプナンのために建てた家に、ウダウの妻である「母」を見舞った。

部屋に入るなり、ウダウが暮らしていた居室の壁がきれいに取り払われていることに気づいた。政府が建ててくれた家には、壁が取り払われて、ぽっかりとだだっ広い空間が広がっていた。商業的な森林伐採の見返りとして、木材企業から与えられた賠償金をつぎ込んで、苦労して居住地に運び込んだと聞いたことがある応接用のソファーセットもなくなっていた。半年前、確かにそこにあったはずのあらゆるものが消え失せていた。

その素気のない何もなさに、Kは目を奪われた。それらを目にした瞬間、こう思った。ウダウの死に対する妻や子や孫の深い悲しみが大きな渦となって、彼らをこうした極端な行動へと駆り立てたのではないかと。

ウダウの寡婦《かふ》、つまりKの擬制的な母はKを一瞥すると、恭《うやうや》しく目に涙を浮かべながら、ゆっくりと近づき、握手を求めた。しかしその後、死んだ夫については何も語らないままだった。Kも一言も発しなかった。母はただ俯《うつむ》いて、終始無言だった。遺族は死者について語ることはおろか、死者の名前を口にすることすら堅く禁じられていた。

Kはそこに居合わせた人たちから、ライフル銃や吹き矢、衣服やそのほかの所持品を含め、ウダウが遺した僅かな品々はことごとく処分されたと聞かされた。彼のものでもあったが彼のものでもなかったとも言える、ウダウがよく腰かけていたソファーは、ウダウをキリスト教式に土葬した直後に、庭先で燃やされたという。死者の所持品や彼に関わるものは、思い出の品として遺族に残されたり、誰かの財産として引き継がれたりすることは決してない。死者がこの世からいなくなったのと同じように、遺品は、目の前から消し去られる。

Kは、生の痕跡をさえすべて滅し尽くしてしまうような、プナンの死に対する態度の激しさや荒々しさに圧倒された。いなくなってしまった人だけでなく、死者に関わるものを記憶とともに消し去ってしまうその峻烈《しゅんれつ》さに、深く印象づけられた。

IV

一九八〇年代の初頭まで森の中でノマディックな暮らしをしていた時代のことを知る人たちから聞くと、プナンはかつて、いくつかの家族で寄り集まってキャンプを形成し、一つまたは複数の小屋に住み、キャンプ小屋やキャンプで一つの炉を共有して、経済活動に勤《いそ》しんでいた。彼らは、料理や食事のための僅かな道具を、共有しているくらいだった。男たちは協力して森に出かけ、そこに棲むヒゲイノシシやシカやカニクイザルなどの野生動物を狩った。サゴヤシを植栽し、男女総出で、主食となるサゴ澱粉を産出した。やがて周辺地に食料が乏しくなると、キャンプを捨てて、みなで別の場所に移り住んだ。

だが暮らしの場を変えるのは、食料が乏しくなった時だけではなかった。キャンプのメンバーの誰かが死ぬと、残された者はできるだけ速やかに、その場から立ち退いた。誰かが死ぬと、それが老人であれ幼児であれ、小屋の炉の下に、棺に入れた死体を埋葬した。もとより少ないながら、衣服などの死者の所有物は死体と一緒に埋葬されるか、燃やされるかした。その後、その場から人びとは立ち去った。

そうしたやり方は民族学では、「埋めて逃げる《バリー・アンド・ラン》」と呼ばれる死をめぐる態度だと言われたことがある。それは、遺族による「死体の放棄」だと解釈され、葬法が発達する以前の狩猟採集段階の人類の、最も原始的な死に対する態度の表れだと考えられた。

しかしその後、そのやり方は、そうした未開の論理ではなく、彼らなりの考え方があるという見解が示されるようになった。ある研究者によれば、プナンが死体を埋め、住まいを取り壊した後に立ち去ったのは、ひとつには、死が発生した場所が、死霊が出没して悪さをする危険な場所だと考えられたからであり、二つには、そこが、死者の痕跡を強く感じさせる場所だったからだ。

死が起きた場所は、死者とともに過ごした、情緒的な意味を色濃く帯びた場所だ。そこに死者が残したものの痕跡を見ることで引き起こされる心の痛みを避けたいがために、その場を立ち退く。

ブナンは、近親者の死をできる限り思い出さないように、忘却の彼方へと遠ざけようとしてきた。そうした考えが「父」ウダウの死の光景の中にも滔々《とうとう》と流れ込んでいるのではないかと、Kは思う。

V

死が発生した場所に死体を埋めて逃げるという遊動の民ならではの死の慣行は、死者に「戒名」や「法名」という新たな名を与えて、死者の「死後の生」の輪郭をはっきりさせた上で、祖先として祀《まつ》るという習慣を発達させてきた日本列島の民の末裔《まつえい》であるKから見ると、驚くべきものだった。プナンのやっていることは、我々日本人があたりまえのようにやっていることとは逆に、生前の生き方を含めて、死者の実在のすべてを否定してしまうように感じられる。Kはまた、同じように死者の生前の実存を否定してしまう、プナンのもうひとつの死の習慣にも強く惹《ひ》きつけられた。

その習慣とは、死者の名前は口にしてはいけないとされる習慣である。残された者たちの会話の中で、どうしても死者に言及しなければならない場合には、死者は、死体を埋葬するために作られた棺の材料である樹木の名前を用いて仄《ほの》めかされる。マガイというビッグマンは、死んだ数日後に「ドゥリアンの木の男」、イシという名の女性は、死んでから暫くして「赤い沙羅の木の女」として人の口にのぼるのを、Kは聞いた。別の男性の死者は、土葬した場所に生えていた、棘のある長い葉の植物ルーから「ルーの男」と呼ばれていた。

死者は生前の名前で呼ばれなくなることで、死の直後から、生前の輪郭さえも失われた、おぼろげな存在となっていく。プナンの死者は、日本の死者とは反対に、無名化され、無化されていくのだとKは考える。

プナンは、死者を無化するだけではない。死者に対する思いや関心をズラして、別の関心事へと振り向けようとする。それは、「名前を変える《ンゲリワー・ンガラン》」と呼ばれる習慣に現れる。

ウダウはKに言う。

「死者が生前に呼んでいた家族の名前を持っていく。だから、死者の家族は、自分たちの名前を変えるんだ」

マガイは言う。

「家族に死なれてしまったら、後を追って死にたくなるほど悲嘆に暮れてしまうだろう。そんな熱くなった心を鎮めるために、自分たちの名前を変えて、心を落ち着かせるんだ」

VI

マガイはKにこう尋ね返した。

「お前のところでは、父親が死んだ時にはどういう名前に変えるんだ?」

Kが自分の国では、父親が死んでも自分の名前を変えたりしないと言うと、マガイは訝《いぶか》しそうな表情を見せた。

スタイという四〇代の男性は、父が死ぬと、ウヤウと呼ばれるようになった。その五年後に妻が病死すると、今度は、アバンと呼ばれるようになった。その時、母を失ったスタイの長男は、アパーという名で呼ばれるようになった。母親を亡くした長男なら誰でも、アパーと呼ばれるのだ。長女はナヴィン、末子の男の子はトゥランと呼ばれた。

変えられる名前自体は、それぞれ、死者とどのような関係にあるのかによって決まっている。いつまでそう呼ばれるのかは決まっていないが、おおむね半年か一年くらいのうちに元の名前に戻ることが多い。

スタイは父の死後ずっとウヤウと呼ばれていたが、妻が死ぬと、アバンになった。スタイの長男ジャヤは、母を亡くしてアパーと呼ばれたが、半年後にはウクンに戻っていた。長女も末子も同じようなものだった。

彼らは自発的に名前を変えるのではない。近親者の死が起きると、死という事実が名前を変えるように強いてくる。名前がどこかからやって来て、自分の名前だけでなく、自分の周りの人たちの名前をごっそりとすげ替えてしまう。その間、彼らの名前は、死者によって持ち去られてしまう。自分の名前は、暫くは死者とともにある。死者のそばにいることで、残された人々は少しばかり安堵するのではないかと、Kは考える。

「それは、自分の名前が、一時的に自分から離れてしまっているような感覚なのではないだろうか」

プナンにとって、名前は固有の特性を有している。人間は「体」「魂」「名」という三つの要素を備えた存在者である。カミには「体」はなく、生まれたての赤ん坊には「名」がない。人間とイヌだけに、その三つの要素すべてが揃っている。

人には「体」と「魂」があり、その二要素の結合は不安定だ。それらをしっかりと結びつける接着剤のような働きをするのが「名」である。いや、「名」は、接着する役割を有しているだけではない。「名」は、それ以上の働きを持つ。「体」と「魂」と並ぶ、人間の重要な構成要素だ。

こうも言えるのではないかと、Kは考える。近親者の死に際して、ある意味で「体」と「魂」の結びつきが、「名」を介してリセットされる。死者は自らの死によって死者の知らない「名」を有する人々の集団を地上に出現させる。それは、生前の死者とつながりのない、つかの間の共同体だ。

死者が知りえない、その新たな共同体の存在は、未知で新規であるがゆえに、死者が思いを残さないで済む。死者が思いを残すと、病気やケガなどの災いが引き起こされる。そうプナンは考えている。

残された者たちもまた、死者との関係において与えられる新たな「名」によってリセットされた家族に関心や思いを振り向ける。死者の痕跡のない、新たな共同体で。

こうしたやり方は、死者の遺したすべてのものを、荒々しく燃える火中に投げ入れて無きものとする、死が起きた直後のプナンの態度につながっている。彼らは、死者との生前の結びつきを、徹底的に断ち切る。

彼らは今日でこそ、近隣の焼畑民やキリスト教の影響を受けて墓を作るものの、死が起きた時でないと墓地には近づかない。死は徹底的に生の世界から切り離され、遠ざけられ、消えてゆく。

VII

プナンは、Kの「父」ウダウの死の直後のように、死者の遺品を暴力的なまでに焼き尽くし、死者が生きた空間のかたちを無に帰し、死者自身の痕跡の一切を見えないようにする。死者の痕跡が隠滅《いんめつ》され、日々が重ねられるにつれ、死者はその輪郭を失っていく。

年に二回、プナンの居住地を訪問する時に、Kは前回訪問時のスナップ写真を土産に持っていく。ある時、そんな写真の一枚に最近死んだ人物が写りこんでいたことがあった。その写真を見たブクンはアルバムを無言で持ち去り、死者が写った写真をアルバムから引き剝がして、ところどころ抜けのできたアルバムを返してきた。写真はどうしたのかとKが尋ねると、「よくない」と言っただけだった。他の人たちに聞くと、ブクンはその場で写真を燃やしたという。

写真の中の死者は、近親者に深い心痛をもたらす。残された者たちは、死者をイメージすることにも禁欲的になる。そうすることで、死者とともに過ごした日々は次第に薄れていく。しかし死をめぐるこうした荒々しいやり方は、逆説的に、死者を悼《いた》む、秘めやかで潤いのあるプナン特有の手法を発達させてきた。

Kは、ある時町に出かけて、狩猟キャンプを一週間ほど留守にした。キャンプに戻ってから一週間ほど経った、月明かりに照らされたある穏やかな夜のことだった。Kが夕食を終えた後、キャンプのメンバーと何をするでもなくだらだらしている時に、川向こうの森の中の狩猟キャンプから、物悲しいノーズフルート（クレンゴット）の調べが聞こえてきた。それは、森の深い闇に沁みわたるように反響しながら、抒情を喚起するような調べだった。Kの隣にいたラセンが教えてくれた。

「お前が町に出かけている間に、あそこのキャンプにいた一〇歳に満たない男の子が病気で死んだんだ」

川向こうの狩猟キャンプの人々は、子の死後に移り住んできた。そしてその時、死んだ子を思い出しながら、キャンプの誰かがノーズフルートを吹いているのだ。

キャンプのメンバーに尋ねてみて分かったことがある。死後に死者の名前は唱えてはならず、死者の痕跡はことごとく消されてしまう。だからこそかえって、死者のことが思い出されて、堪《こら》えきれず寂しくなり、深い悲しみにどうしようもなく苛《さいな》まれることがある。

特に、ちょうどその夜のような、月明かりのもとにすべてが照らし出される晩などには、気持ちが昂《たかぶ》るという。そして、死者に対する気持ちがこれ以上抑えられなくなった時に、人々はその切ない気持ちを音に託して、ノーズフルートを奏でる。

Kは、なんたる悲哀に満ちた美しくかつ潤いのある響きなのだろうと思う。死者の痕跡のあまりにも強く劇的な滅却《めっきゃく》とともに、死者の輪郭をイメージすることだけでなく、死者との言語を介したコミュニケーションの一切が絶たれてしまう。そのためにプナンは、ロゴスによるのでない、死者とのしなやかな交流の方法を編み出してきたのだ。

吹き手は、左の鼻孔を笛の表面でふさぎ、右の鼻孔から息を出し入れすることで横笛を巧みに鳴らし、その音色によって、死んだ者と交流し、地上で通じ合っていた時空を戯れる。右の鼻孔から出される息の出し入れとは、生者と死者の交歓そのものではないか。

その夜、ラセンとKのやり取りを聞いていたラセンの妻ウンダンが教えてくれた。

「ノーズフルートは、生きている者と死んだ者をつなげるシャーマンのようなものよ」

VIII

死をめぐる数々の習わしは、プナンの時間に関する考えを反映したものではないかと、Kは考える。人は、あらゆる存在者は、時間を生きている。生きることは時間である。逆に、プナンの死には時間はない。

プナンにとって、死者は過去に生きた存在として、現在において消え去り、未来において人々から忘れられていく。死の習慣が、プナンにとっての過去と未来を狭く薄く規定する。

狩りをするようになった二〇歳の頃までは森の中を遊動していたスタイが、実在の人物として覚えているのは、父のバヤ、母のアスンと祖父ブニィ、祖母アラーとその同世代の人たちまでだ。スタイは、小さい頃にビッグマンだったバヤの父、ブラユンが、年老いて、すでに歩けなくなり、人々に背負われていたことをうっすらと覚えている。彼は、ブラユンの父に会ったことはなく、名も知らないという。祖父母よりも古い世代の記憶はスタイにはない。無文字社会では、記録されず、人がいなくなると、伝承されない記憶は儚《はかな》く消えていく。

プナンの祖先の記憶は、せいぜい三〜四世代前の祖先たちまでに限られる。過去に生きた人たちは、順繰りに、人々の集合的な記憶の帳簿から消えていく。順繰りに消えていく人物の欠片《かけら》のようなものは、かろうじて新生児に付けられる名前の中に留まる。ほとんどの場合、お前の名前は、過去に生きた人物から取って付けたのだと知らされるだけなのだが。

プナンは、過去を、近いものでも遠くのものでも、すべてサアウという言葉で表す。サアウの中には、人間、動物、場所が畳み込まれる。その場にいるみなで確認しながらサアウの物語は語られるが、古いものほど、記憶が曖昧で断片的だ。人によって、言うことが違っている度合いが増える。

IX

過去に対するプナンの深度のなさは、過去を振り返らないことにつながっている。そのことはまた、「反省しない」という彼らの日常的な態度を生み出しているように思われる。過去はただ消えゆくのみで、対象化されないのだ。

Kは、フィールドでの移動用に、町で買ったモーターバイクをプナンの居住地に持ち込んだ。バイクに乗れるプナンは、木材企業でバイクに乗って働いたことがある数人を除いて、ほとんどいなかった。プナンは、みなでKのバイクを乗り回し、戯れながら、次第に運転技術を上達させていった。

ある日トマスが、他のプナンの居住地に行くので、使いたいと言ってきた。彼に貸すと翌日の夕方、バイクは返却されたが、タイヤがパンクしていた。トマスは、そのことについて何も言わなかった。バイクのタイヤに空気を入れるポンプを、ミヤウに頼まれて貸すと、木材運搬車に轢《ひ》かれてペチャンコになったそれを、何も言わずに返してきた。それが壊れたいきさつをKは、ミヤウの兄から聞いた。

Kが、レンタカーの四輪駆動車を運転して、プナンとともに一日かけてピレラン川沿いのプナンの居住地に出かけたことがあった。道沿いに駐車しておいた車のボディに、子どもたちが釘を使って落書きをしたようだった。犯人が探されたり、親がKに謝りに来たりするというようなことは一切なく、それに関してはKに誰も、何も言わなかった。その車を、ミヤウが用事で使うために貸した時には、どんな荒い運転をしたのか、ナンバープレートが外れてしまっていた。外れたナンバープレートは、荷台に放り込まれていた。

これらのことには、プナンの所有概念の問題が複雑に絡んでいるのだが、プナンの居住地でのKの居心地の悪さの背景には、プナンが過失に対して、謝罪もしなければ反省もしない人たちだという苦い経験があった。しかし、Kだけにそうした問題が起きたわけではなかった。

X

ビッグマンであるウダウが、苦労して、四輪駆動車を購入したことがあった。先住のプナンの固有の土地である熱帯林における商業的な木材伐採に関しては、木材伐採企業から賠償金がプナンの共同体に支払われていた。ウダウは、その一部を前借りして、車購入の頭金としたのだった。

プナンに運転免許を持つ者はなく、近隣の焼畑民イバンのアンディから名義を借用し、煩雑な手続きを経て、ようやく手に入れたのだった。ウダウは、すでに他のプナンらが始めているのをまねて、購入した四輪駆動車の荷台にハンターたちを乗せて、ヒゲイノシシを捕まえに行き、獲物の肉を売って儲けた金を、車のローン支払いに充て、残金をみなで山分けしようと企てた。ウダウは、車の運転を、かつて木材伐採キャンプで運転経験のあるアワに任せた。

首尾よくヒゲイノシシが獲れると、狩猟に出かけたハンターたちが、その肉を車で木材伐採キャンプまで売りに行った。その時はラセン、ドム、ニュア、ウクンの四人のハンターを、アワが車で案内して、アダー川沿いの森まで出かけた。二頭のヒゲイノシシを捕獲して、木材伐採キャンプに売りさばきに行った五人は、出発後二日経ってから、狩猟キャンプに戻ってきた。

小学校を卒業していて計算ができるアワは、それぞれ四八キロと四〇キロのヒゲイノシシが、キロあたり四リンギなので、三五二リンギで売れたと、集まってきたキャンプのメンバーの前で説明した。その時、ドムとウクンはベロベロに酔っ払っていたようだった。しかし、足の状態が悪化し、狩猟に同行しなかったビッグマンであるウダウには、四〇リンギしか手渡されなかった。

Kは思った。

「売上金三五二リンギのうち三一二リンギもの金は、いったいどこに行ってしまったのだろうか？」

全体の九割に相当する金額を何に使ったのかを、ハンターたちが弁明することはなかった。しかし、真相は明らかなように思えた。木材キャンプの雑貨店で売っているビールや酒やつまみなどを買って飲むのに使ったのだ。間違いない。

Kには、ウダウの憮然《ぶぜん》とした顔が印象に残っている。でも、ウダウは何の言葉も発しなかった。その時、ラセンとニュアとウクンは言った。

「俺たちは、分配金はいらないよ」

Kは、飲み代に使ったのだから、そんなことはあたりまえだろうと思ったが、ラセンとニュアとウクンは、その場で、自分たちに対する分配金を受け取るという当然の権利を放棄したことを、誇らしげに宣言したようにも見えた。彼らの言葉によって、話し合いはお開きとなった。

その後、同じようなことがふたたび繰り返された。

Kには、なんだか釈然としないモヤモヤ感だけが残っていた。それは、自分たちのやったことを振り返って反省し、悪かったです、ごめんなさいと謝るとか、そんなことを二度としないと誓うとかいうプロセスが、抜け落ちているように感じられたからだった。だが、Kの感じていたモヤモヤ感とプナンのそれは、別のものだったようだ。

プナンが心配していたのは、これ以上こんなことが続くならば、車のローンが支払えなくなり、せっかく手に入れた車を手放さなければならなくなるという危機感だった。起きてしまった問題を振り返って、誰かが責任を取るとか、謝罪するということはなく、心配は、車のローンが払えないことに一直線に向かっていた。

ある夜、大人の男女全員を含む共同体のメンバー総勢二五名が集められて、話し合いが行なわれた。

話し合いの場では、売上金を酒代に使ってしまったハンターたちの責任が取り沙汰されることは、これまでと同じように、一切なかった。車のローンが支払えなくなることがとにかく問題とされ、車を手放さなければならないことへの心配や不安が口々に表明された。そして最後に、運転手であるアワが主に売上金の管理を担うという、あまり有効ではなさそうな策が示された。

「アワだけが飲み食いから外れるということは考えにくいぞ」

そう、Kは思った。

案の定、木材企業のキャンプで獲物の肉を販売した売上金は、その後も酒代に消え続けた。その原因や経緯がうやむやなままにされ続けた。結局、ウダウは、一〇〇〇リンギット（約三万円）という月極ローンを払い続けることができなくなった。

原因を追及し、反省したり、謝罪を求めたりしない以上、問題が個々に内在化されない。だからそのようになることは、あらかじめ分かっていたように、Kには思えた。人々が心配したとおり、購入から僅か二ヶ月あまりで、当の四輪駆動車を手放すことを余儀なくされたのだ。

XI

その後の車の処理に関わる手続きもまた、それはそれでとても大変なことだったが、この件に関してＫにとって最も印象的なことは、誰かがあの時ああしたことが悪かったんだとか、猟果があっても酒ばかり飲んでいる誰それがいけなかったんだなどとかいう声が聞かれなかったことだった。誰かに責任があるとか、原因があるとか言われることは一切なく、すべてがうやむやなまま物事が進んでいくことが、ある意味、Ｋにはとても斬新に感じられた。

プナンは、過去の出来事の仔細を思い返しながら、それらをひとつずつ取り上げて、何が起こったかを吟味し、間違いと判断されうる振る舞いがあったら、それを修正ないしは改めるという回路で考えるようなことはない。彼らはあたかも過去に起きた出来事は今とここに復することはできないと考えているかのようなのである。

そう考えると、プナンのやっていることがよく分かる気がする。もしそうした見立てが正しいのだとすれば、我々が自明視している、地球上にある、あらゆる形而上学は俄然疑わしくなってくる。

過去を事実として振り返ることがないか、過去の事実性それ自体に目を向けようとしない態度は、狩猟や漁撈《ぎょろう》に出かけたり、何らかの用事で出かけたりする時に生じる失敗や不首尾、過失などについて、プナンが個人に責任を求めたり、個人的に反省を強いるようなことがないということと完全に一致している。日々の生業活動でも、失敗や不首尾などがあった場合、関係者で話し合いの機会が持たれこそすれ、そこで個人の力量や努力が問題とされることはまずない。

プナンは、当の過失を起こした人物や失敗した人自身を気づかったり、庇《かば》ったりすることはない。個人の責任が追及されることはなく、たいていの場合、長い話し合いの後に、あまり効果を期待できないように思われる善後策が立てられるだけだ。過失の責任が個人のうちに問われるような世界から訪れたKにとって、プナンのやり方は、多くの不思議に充ち満ちているように思えるが、他方で、決してヘンなことをやっているのではないようにも感じられる。

XII

Kは、自分のことを振り返る。

「子どもの頃から悪さをしたら叱られた上で反省するように仕向けられたし、学校では失敗したらその原因を調べて反省させられ、反省をつうじて向上心を持つ意識を内面化するようになった。長じて、子どもたちに失敗や不首尾に対しては反省をして乗り越えるように諭《さと》すことをつねとするような現実を生きてきた」

Kにとって、周囲に反省しないで生きているかのような腹立たしい人がいたこともあるにはあるが、共同体でみなが反省しないように方向づけられている事態はなかった。仮に、人類にとって反省しないことのほうが先にあって、反省することが後から出てきたのであれば、反省し、内面を律すること自体がいったいどういうことであったのか、反省する文化の誕生の意味が問われなければならなくなるのではないかと、Kは考える。

反省とは、自らの過去の言動を振り返ることを含んでいる。プナンは過去に執着しなかった。過去に対する深度はとても浅かった。

過去のことを語る際の言い回しは、Kがウダウに、父親はいつ死んだのかと尋ねた時の答え方に典型的に示されている。ウダウは、目の前にいる一五歳くらいの少年ジュウェンを指して語った。

「ちょうどジュウェンの頃に、父は亡くなった」

現存するジュウェンに拠りながら、過去の出来事を描き出すのが、プナンの一般的な過去の描き方である。

プナンは、絶対的な時間軸という尺度で過去を測るのではなく、相対的な位置づけで過去を表す。だから、誕生年や誕生日、結婚記念日、命日、〇〇記念日という時間の区切り方は、プナンには今日でもほとんど意味を持ちえない。

過去に起きた出来事をひとつずつ拾い上げ、編年記を編み上げるなどというのは、プナンの思考パターンにはない。だとすれば、彼らが過去の行ないを自らに手繰り寄せて、振り返って、反省することがないというのは逆に、とてもあたりまえのことのように思えてくる。

XIII

では今度は、未来に関して。プナンは将来についてほとんど語ることはない。プナンのフィールドに入った初めの頃、Kは、プナンの子どもたちに尋ねていた。

「将来の夢は何？」

「将来、何になりたいの？」

子どもたちは、Kのその問いが、何のことを言っているのかさっぱり分からないという顔をしていた。誰一人として、それに答える者はいなかった。恥ずかしくて答えなかったのではなく、単純に答えられなかったのだ。

　Kは今では、そうした問いが、「サッカーの選手になりたい」とか「パイロットになりたい」「会社の社長になりたい」という、こちら側から持ち込んだ答えを期待した、とても浅はかなものだったのではないかと思い直している。未来にまで時間軸を延ばして、自分がどのような存在であるのかを想像してみることは、プナンにとっては、及びもつかないことなのだ。遠い将来の計画について考えたり、尋ねたり答えたりすることは、プナンにはほとんど意味をなさない。

　プナンは、時間軸を、過去の方向に延ばすことがないのと同様に、未来の方向にも延ばすことがないのだ。このことは、プナンの死の習慣に照らせば、至極あたりまえのことかもしれない。現在からいなくなり、過去の存在となった死者が祖先化されるのではなく、次第にフェイドアウトしていく事態に、未来は対応している。未来は、プナンにとっては、過去と同じように、ぼんやりとしてつかみどころがない。

　これは考えてみればあたりまえのことではないかとKは思う。車のローンが支払えなくなるという漠然とした未来への不安のようなものは確かにプナンにもある。しかし、未来の事実を描きうるのだとすれば、それは、ただ個人の意思においてである。人間には、ありのままの時間性を捻じ曲げることによってでしか未来は想像し得ないのだ。サッカー選手になることや起こりうる最悪の事態を想像してみることなどによってでしか未来は描きえない。

XIV

私たちには特異なものに思えるこうしたプナンの時間性は、彼らの生業である狩猟採集によるものだと考えるのは、あながち的外れなことではないと、Kは思う。花が開き、実がなるのに季節がなく、せいぜい雨が多く降ったり、少なかったりといった程度の気候の変化しかない、季節性の希薄なボルネオ島の熱帯雨林の中で、彼らはサゴ澱粉や野生動物を採集・狩猟しながら暮らしてきた。周辺地に食糧がなくなると、別の場所へと移動した。今日ブラガ川上流域に暮らすプナンは、一九八〇年代初頭までは、そんな遊動的な暮らしをしていた。

森の遊動民だった頃のプナンにとって、時系列に沿って考えたり、時間や暦で生活のリズムを管理したりする必要はなかったはずだ。時間の観念や暦がないことは、熱帯の森の中で生きていく上で、何ら支障にも障害にもならなかった。いや、必要がなかったから、時間の観念や暦がなかったのだとも言えるだろう。今日に至るまで、プナン社会にカレンダーの類はない。

Kは、狩猟キャンプに、日付が並んでいるだけの卓上カレンダーを持ち込んで、ビントゥルの町に行く予定や帰国予定など、翌月以降の予定の日付に丸印を付けた。卓上カレンダーを初めて見たマガイは、Kに尋ねた。

「その明日や明後日の手紙では、いったいいつまでのことが分かるのか?」

Kには、マガイが何を言っているのか最初分からなかった。「明日や明後日の手紙」とはカレンダーのことで、どうやら彼は、カレンダーにはこれからのことがすべて書かれていると思っていたようだ。マガイが尋ねたのは、カレンダーによって、どれくらい先のことが見通せるのか、ということだったのだ。

プナンが未来を思い描くことがないのかと言うと、実はそうでもない。Kがノマド時代の話を聞いた中では、ウダウの話が印象に残っている。

「二人の男が何日か後に再会する約束をした時、二人はそれぞれ、木の枝に同じ数の紐か縄の結び目を作ったんだ。二人の男は、結び目の付いた枝をそれぞれ持ち帰り、一日ごとに結び目をほどいて、約束の日が来るのを測ったことがあった」

人類史において時間が体系化されるようになったのは、いまから一万年ほど前まで続いた狩猟採集の段階ではなかった。それは、人類が農耕や牧畜という生業を行なうようになってからのことではなかったか。将来に向けて生きていく糧を備蓄するために、いつ頃、どのような作業に取りかからなければならないのかを決めて、進めていく必要が出てくる。そのため、暦やカレンダーが必要になったというのは十分考えられうると、Kは考える。

プナンには未来など分かるはずがない。いや分かる必要がない。

XV

プナン語に、時や時間にあたる言葉がないわけではない。「ジャカ」という言葉が、それにあたる。「マサ」というマレー語を借用する場合もある。ジャカ・サアウで「昔の時」、ジャカ・イトゥで「この時」と表現し、それらはそれぞれ、過去と現在を言い表す。

しかし、それらは漠たるものとしての過去であり、現在であり、それらの語彙は、現代人が日頃用いているような、時刻や日付で表現される絶対的な基準による時間の観念を土台とするものではない。

プナン語には、未来を表す時に使われる「ダウン」という言葉がある。それは「もし」を意味する。マレー語の「カラウ」だ。

「ダウン」は、もし○○ならどうなるとか、もし△△ならこうしよう、と言う場合に用いられる。「ダウン」は名詞としては「葉っぱ」のことだ。マレー語やインドネシア語でも、同じ。プナン語では、それが転じて「季節」をも意味する。

プナンにとって、季節とは、花の季節のことであり、果実の季節のことでもある。ある場所で花が咲いても、川のこちら側では花が咲いていないことがある。ボルネオ島では、花が咲くことは、場所も時期もイレギュラーな現象である。

花が咲く季節を経て、果実がなる季節に、動物たちが森に集う。それを狙ってプナンが狩猟する時、森は楽園になる。

葉から転じて季節という重要概念を示す言葉が、将来の仮定に関わる表現に用いられるというのは、とてもディープだ。つまり、「葉っぱ」がこうであればそうなるだろうし、「葉っぱ」がああであればこうなんだろうと言っていることになる。「葉っぱ」はそもそも、いつどうなるか分からないという季節性、つまりイレギュラーな時間性を孕んでいる。

Kには、未来を、どうなるか分からない季節性の象徴である「葉っぱ」で表すプナン語の用法が、彼らの時間概念を表しているように思われる。未来は予期されえないし、そもそも思考しうる対象ではない。そのことをひっくり返して述べれば、プナンは過去や未来を生きるのではなく、刻々と変化する「今ここ」を生きていることになる。

XVI

Kは、プナンがタソン川の河口に広がる油ヤシ・プランテーションの川べりに狩猟キャンプを張るのについて行った。そこは、魚がたくさん獲れるということだった。夕方に魚網を仕掛けて、翌朝見に行くと、魚網には多くの魚が掛かっていた。それをキャンプに持ち帰り、揚げ物にしたり、煮たりして食べ、後はぶらぶらと過ごした。ある日の朝、油ヤシ会社に雇われた労働者たちが、そのキャンプの目の前の場所にバイクで仕事にやってきた。彼らは、先に刃の付いた、長さ四〜五メートルもある棒を操って、樹上で熟した油ヤシの実を巧みに地面に落下させた。夕方近くになると、油ヤシの実を回収する車がその場に到着し、機械を操作して収穫物を荷台に積み込んで帰っていった。

翌朝もほぼ同じ時間にその場にやってきた労働者たちは、前の日と同じように一日中働いて帰っていった。Kは、プナンとともに、小屋の中に寝そべって、実にうまいやり方を考えたもんだ、手際よくやるもんだと、仕事の手順を一日中ぼんやりと眺めていた。

その夜になって、ビッグマンであるアニャウが、明日このキャンプを引き上げるつもりだと、Kの耳元で囁いた。魚も獲れるし、寝転がって油ヤシ収穫作業も観察できる、大きな油ヤシの木の下にある、涼しくて気分のいいキャンプだったので、Kには解せず、「どうしてなの」と尋ねた。

「油ヤシのマネージャーが、もうここで我々を見たくないと言っていると、昼間出会ったプナンから聞いたんだ」

油ヤシのプランテーションに狩猟キャンプを張っていると、仕事の邪魔になるというのだ。アニャウらは、その言葉を耳にして、立ち退きを決めたようだった。

確かに、幾つかの油ヤシの木の下に、Kたちの小屋は建てられていた。見上げると、どの実も熟していて、収穫作業を待つだけのようだった。プナンがそこにいると仕事がはかどらないということは、よく分かった。

ここ数日の経験を、Kは振り返ってみる。そこには、現代人とプナンのくっきりとしたコントラストが浮かび上がる。

熟した果実を収穫するという目的でフィールドに仕事にやってくる労働者たちと、その様子をぼんやりと眺めるプナン。生活するための賃金を稼ぐ労働に汗だくになって励む人々と、食べ物が手に入った後はぶらぶらと過ごす人々。あるいは動き回って富を生み出し、その一部を手に入れる人たちと、自然の中に入っていき、食べ物を取ってきて、そのことだけで生きていこうとする人たち。

未来を自らの意思によって想像する人たちと、ありのままの時間の中に生きる人たち。Kは、タソン川の河口では後者のプナンの側にいたが、本質的には前者の現代人であり、油ヤシのプランテーションの労働者の側の人間だった。二者それぞれの生きざま、死にざまは、それぞれの時間性に、とても大きく関わっている。

インタールード

見失い

その時、Kはいったい何を取り戻そうとしていたのか。失った時間なのか、それとも彼女の愛なのか。後悔をことばで希望へと転じようとしていたのか。最初に別れようと言いだしたのは繭子ではなく、Kのほうからだった。離れてしまうから会うことができないと、何もかも葬り去ったのはKだったではないか。Kは、彼女よりも仕事を取ったのだ。

Kが手紙を書こうと思ったのは、彼女が近くに越してくるということを人伝てに聞き、その人が彼女の住所も教えてくれたから。彼女が同じ都会の住人になることは、Kがふたたび沸き起こった彼女への思いを届けることとどう関係するのか。

Kは、その日文房具屋で便箋を買い、手紙を書いた。一片の迷いもなく、その短い手紙を投函した。

高橋さんから君の新しい住所を聞いた。元気ですか? あれから、おれは、ジャズをずっと聴いている。クリフォード・ブラウン。二五歳の若さで、交通事故で逝ってしまった。彼のトランペットは女性ボーカルに特によく映える。サラ・ボーン、ダイナ・ワシントン、ヘレン・メリルとレコーディングしているが、どの一枚をとっても申し分ない。彼の音色は、まろやかで伸びがあり、女性ボーカルをいっそう引き立てる。この音の空間には足りないものがある。君が足りない。

Kはその翌日にも手紙をしたためて投函した。

君から教えてもらったことがある、カミュの『異邦人』を、少し前に、読んでみた。ムルソーは、アラブ人の殺人よりも、母を養老院に送り、母の死に涙さえ流さなかったという反社会的な態度を糾弾され、処刑された。この世は、なんて不条理なんだ。おれは小説を書きたい。世界の不条理や混沌をテーマとした「得体の知れないもの」、女をテーマにした「かげりゆく女たちへ」。いったい人生という道のカーブの先には何があるのだろうか。好きなことをするような人生のほうが面白そうだ。返信を待っている。

Kはそれから毎日毎日手紙を送り続けた。

六本木から日比谷線の最終で恵比寿まで出たら、池袋行きの最終電車しかなく、池袋から徒歩で帰ってきた。けっこう時間がかかるものだ。池袋、大塚、巣鴨、駒込、田端まで一時間二〇分くらい。池袋東口にはおかまがたむろしていた。都会の土曜の夜は長い。住宅街の路地に迷い込むと、午前二時、まだ飽きないで飲んで騒いでいる人々の声が漏れてくる。千鳥足の酔っ払い。アパートの前でもめている男と女。犬っころがとぼとぼと歩いてゆく。昼の街とは趣がちがう。二四時間開いているマーケットには、なぜあんな夜遅くまで人がたまっているのか。そんな時間に、君はいったい何を考え、何をしていたのか。教えてほしい。

一週間送り続けた。毎日早く帰って、Kはポストをのぞいた。返事は届かなかった。

腰痛が来てから、トレーニングを始めた。ビールで弛んだ肉体に喝を入れ、頭の中をすっきりさせるために。何かに必死になっていた頃に戻れるような気がする。おれは君に、インドかどこかの裏町で倒れているおやじにドストエフスキーの『白痴』を読み聞かせて、どんな反応が起こるのか試しているのと同じことをしているのだろうか。まだ君の声を待ち続けている。

届かない返事。Kは、どんどん、繭子宛に手紙を書くということに宙づりにされるようになっていった。それでもKは書き続けたし、いつものように、朝、出がけに、駅前のポストに手紙を投函した。

ゴダールの『探偵』を見た。いつか『パッション』という映画を見たことを覚えていないか。あの難解なやつだ。ほとんど訳がわからないまま全編が一瞬のうちに終わる。渋谷には、面白い店がある。一種妖しい雰囲気のインド料理店で、おやじがやって来て、「ムルギの卵入りですね」とオーダーを指定する。「いや、メニューを見せてください」と返すのが億劫になるというか、野暮なような気がする。けっこう辛いカレーだ。

Kはいったい何がしたかったのか。彼女の都合も聞かないで、一方的に、手紙を送り続けただけではなかったのか。そのひと月というもの、Kはただただ書き、そして送り続けた。季節は、春から初夏に変わろうとしていた。そもそもそれらの手紙は、彼女に届いていたのだろうか。封は切られたのだろうか。いまとなっては分からない。

今朝、へんな夢を見た。雨が降っていた。市内リレーをやっている。おれは、何かから逃げるために走っていて、たまたまそのレースにぶつかった。女たちが走っているのを眺めていた。「エイコ、エイコ」という誰かの声。向こう側の車線を走っていた女の子がランプのようなものを踏みつけた。彼女はぶっ飛んで、なんと、即死してしまった。

Kが繭子に最初の手紙を送るまでには、すでに一年以上の時が流れていた。Kは、彼女が平然と、Kからの辛い仕打ちをやり過ごしたとでも思っているのだろうか。そうでなかったことを想像したことがあったのだろうか。Kは、何も分かっていなかったのではないか。

三〇通めの手紙を送った後、Kにはまったく書くことが無くなってしまった。何を書いたらいいのか、思い浮かぶことさえなかった。書くことが残っていなかった。

たったの三〇通で、Kの思いは、しぼんでしまったのだ。Kは、失ったものを取り戻すどころか、失ったものを取り返そうと躍起になるあまり、何を失ったのかさえ見失ってしまった。自らをどん底に突き落とすために、書き続けたようなものではなかったか。

その頃、Kはいったい何がしたかったのだろうか。いや、Kはいつも、そんな感じではなかったか。

無所有

I

その頃Kは、アジャンとその妻ボレン、息子ロベットとその姉のメリ、ティマイとジャウィンのそれぞれの家族、計一一人で、マアウ川沿いの狩猟キャンプに寝泊まりしていた。狩猟キャンプはひとつの大きな小屋だった。マアウ川の右岸には、数週間前から果実が実り、たくさんの動物が寄ってきている。狩猟キャンプを張ってから、その日で四日目。これまでに三頭のヒゲイノシシが捕れている。

二日目に獲れた二頭のヒゲイノシシのうち一頭は、木材伐採会社の車の荷台に載せてもらって、木材伐採キャンプに売りに行った。キロ当たり五リンギットで、四四キロが二二〇リンギットで売れ、売上金は、アジャン、ティマイ、ジャウィン、Kの四人で五五リンギずつ山分けされた。一リンギット三〇円として、ヒゲイノシシの肉一頭分が六六〇〇円で売れて、四人で一六五〇円ずつ山分けしたわけだ。

Kは、いつものように分配金は要らないと言い張ったが、等しく分けるのだという三人の主張に根負けして、取り分として受け取った。マアウ川に来る前に、銃弾を八個八〇リンギ（二四〇〇円）で買って、彼らに手渡したので、員数に数えられるのも、あながち間違いではあるまいと、Kは勝手に思うことにする。

木材伐採キャンプの売店で彼らは、子どものお菓子やジュース、おもちゃや電池、タバコや石鹸などを思い思いに買い、残金でビールを飲んだら、あっという間に売上金はスッカラカンになった。

そしてその二日後の狩猟行で、その日に獲れた獲物は、どこにも売りに行かずに、狩猟キャンプで自家消費することになった。キャンプに到着すると、場は華やいだ雰囲気に包まれた。早速、解体と料理が始まり、米が炊かれた。食事が終わったのは、午後七時のことだった。

II

静かな夜だった。誰もがおなか一杯になって、満足しているようだった。ケロシンランプのもとで、ジャウィンが、まだ幼い二人の子らに、座って何やら話をしている。Kは、傍に行って聞いた。

むかし、マレーグマだけに尻尾があった。他の動物には尻尾はなかった。シカやマメジカたちは、自分たちにも尻尾があれば、さぞ見栄えがいいだろうと思って、次々にマレーグマに尻尾を分けてくれるようにねだりに行った。マレーグマは、来る動物来る動物に尻尾を分け与え、最後にテナガザルがやって来た時には、マレーグマには分け与える尻尾が残っていなかった。それで今日、マレーグマとテナガザルだけに尻尾がないのだ。

ジャウィンは、付け加えた。

『マレーグマが、けちで尻尾を他の動物に分け与えなかったら、さぞ長い尻尾になってたろうよ」

子どもたちは笑った。いつの間にか、ティマイの二人の子らも、父ティマイとともにそこに来ていた。

「テナガザルの前にブタオザルも来たけど、その時にはもう少ししか残ってなかった。だから、ブタオザルの尻尾はあんなに短いんだ」

ジャウィンは言った。

「こんな話を聞いたからって、マレーグマとテナガザルを見て、尻尾がないのを笑っちゃいけないぞ」

「なんで?」

「過ち《ポニャラ》になるからさ。テナガザルに尻尾がないのを笑ったら、天空の雷のカミが怒って、嵐になるぞ」

子どもたちは、怯えた顔になった。

横でその話を聞いていたアジャンが言った。

「マレーグマは、よい心がけ《ジアン・クネップ》だ。人もそうじゃなきゃいけない」

Kは、尋ねてみた。

「じゃ、反対の悪い心がけ《サアト・クネップ》はどんなの？」

アジャンが話してくれた。

「大きなリスとフンコロガシは互いにものを分かち合ってたが、大きなリスはやがて、フンコロガシに自分のものを分け与えなくなった。大きなリスは悪い心がけの持ち主さ」

次にジャウィンが、ヤマアラシのことを話してくれた。

「ヤマアラシは自分のために人を使って働かせて、自分だけが金持ちになって、立派な石の家を建てたんだ。ヤマアラシもよくない心がけの持ち主だ」

プナンは、動物に託して人間の性格を語ることが多い。話を聞きながら、子どもたちは、それぞれの父親にもたれかかって、眠そうにしていた。それぞれが、家族の蚊帳に入る。Kも蚊帳に入って、寝ることにする。

III

翌朝、アジャン、ティマイ、ジャウィンの三人は、夜が明ける六時前後に猟に出かけたようだった。なんたる見上げたハンターズ・スピリットだろう。夜が明けて、アジャンの妻ボレンが淹れてくれた甘いコーヒーをすすりながら、そのことを知って、Kは思わず舌打ちをした。狩猟キャンプに残された者たちは、ハンターの帰りを待つしかなかった。朝食に、昨夜の残り物であるヒゲイノシシのスープとごはんを食べた。

太陽はすでに真上に昇っており、マアウ川沿いの狩猟キャンプは暑かった。Kが小屋の中から遠くのほうを眺めていると、人がこちらに向かって駆けてくるところだった。近づいてきて分かったのは、一人は、アジャンの弟の息子、甥にあたる一五歳のラーだった。他に、Kのあまりよく知らない三人のプナンの少年たちが一緒にいる。ラーと一緒に、朝から木材伐採道路を歩いてやってきたらしい。小屋が見えたので走ってきたのだろう。息を弾ませている。

ラーが、おばのボレンに向かって呟いた。

「俺たち、おなかがペコペコだ」

ボレンは、困った顔をした。昨日の肉は、ほんの少ししか残っていなかった。四人の若者たちが、腹を空かせて食べる量はないと見込んだのだろう。冷えたごはんは、少し残っていたはずだ。

ボレンはKのほうを向いて、狩猟キャンプに来る前に買ってきたラーメンや缶詰を出すように言った。Kは、それに応じて、五袋入りのインスタントラーメンの大袋ひとつと鮭の缶詰二個を手渡した。これでKの手持ちの食料は、すべてなくなった。

ロベットに川で水を汲んでくるように言いつけると、ボレンはメリとともに薪を火の中にくべて、まずはコーヒーを沸かした。そのうち、ラーたちは待ちきれなくなったようで、かまどのほうに行って、鍋の蓋を取って中をのぞいた。そこからごはんを大皿に移し、車座になって、すでに温められた残り物の肉のスープをすすりながら、大皿からスプーンで食べ始めた。缶詰をぶち込んだラーメンもでき上がった。それをおかずとして、四人はすさまじい勢いで、ひたすら食べた。いや、貪《むさぼ》り喰った。

四人がすべてを平らげるまで、あっという間の出来事だった。ラーたち四人の若者は、一〇分もかからずに、狩猟キャンプにある食べられるものすべてを食べ尽くした。食べている間、昨日から何も食べてないのだ、というようなことをボソッと誰かが呟いただけで、ほとんど何も話さなかった。がつがつと貪った。コーヒーも、やかんの中のものをすべて飲み干した。

四人は、そこにはもう食べるものがないことを確認するや、いっせいにすっと立ち上がった。そして何も言わずに、来た道を一目散に帰っていった。来た時と同じように、駆けながら遠ざかっていった。「ありがとう」と言ったり、それとわかるようなしぐさを示したりした若者は一人もいなかった。

今のはいったい何だったんだ、盗人のような所業だと、Kは思うが、狩猟キャンプの女や子どもたちは、帰っていく四人の若者をやさしげに眺めているだけだった。

この寸劇に呆気にとられるKにふと、「働かざる者、食うべからず」という言葉が浮かんだ。新約聖書の「テサロニケの信徒への手紙」に、怠惰な生活を戒めるための話の中に、「働きたくない者は、食べてはならない」という言葉がある。

アジャンの甥のラーたちは、ここでは働いていない。でも、食べ物があるだろうと予想される親族の狩猟キャンプに、空腹な仲間たちと連れ立ってやって来て、そこにあるあらゆる食べ物を一気に食べ尽くした。キャンプの人たちが食べるものがなくなってしまうことなど、全然気にかけていないかのようだった。

しかも彼らは、ボレンたちに感謝やお礼の言葉ひとつさえも残さずに去っていった。なんと非礼で、わきまえない若者たちなのだろうか。Kの持ち込んだ食料さえ、底をついてしまったではないか。Kには、ラーたちの行動が無性に腹立たしく思える。

しかし、そう考えてみたものの、Kには何か引っかかるものがあった。昨夜の、

「よい心がけ」と「悪い心がけ」の動物譚だ。ラーたちをもてなしたボレンたちは、悪い心がけの大きなリスやヤマアラシではなく、よい心がけのマレーグマだったのではないか。自分の持っているものを、腹ペコな若者たちに、自分たちの持ち分がなくなってしまうまで分かち合う、よい心がけを持った、マレーグマだったのではないだろうか。

Kには、心情的には、とても苛立たしいものの、プナンの社会規範に従えば、分からないでもないような気がしてきた。そんなことを考えていると、ボレンがKに、ふたたび砂糖たっぷりのコーヒーを入れたコップを手渡してくれた。

IV

夜明けとともに猟に出かけたアジャン、ティマイ、ジャウィンの三人は、その後、夕方になっても狩猟キャンプに戻ってこなかった。ラーの一件で食べ物が尽きてしまったので、ボレンとメリらは、イモの葉を取りに行って帰ってきたようだった。プナンは、肉が手に入らない時に、野菜を食べることがある。夕食には、イモの葉を炒めたものをごはんとともに食べた。

あたりが暗くなり始めた午後七時前に、狩猟キャンプに近づいてくる人の声が聞こえてきた。

戻ってきた、兄弟たちよ。一日歩き回って、何も狩ることができなかった。俺たちが死んだら、ウヤウやアパーと呼ばれる子どもたちよ。ブタの大きな鼻、かつてイノシシだったマレー人、トンカチの頭のようなブタの鼻、大きな目のシカ。夜に光るシカの目、ワニ、ブタ、サイチョウ、ニワトリが鳴いていやがら。

三人のハンターたちは、口々に、ピア・プサバと呼ばれる文句を唱えて、帰ってきた。獲物が何も得られなかった狩猟者たちが、狩猟キャンプに近づくと口にするブルースだ。「名前を変える《ンゲリワー・ンガラン》」習慣に基づいて、自分たちが死んだ時にそう呼ばれるようになる、ウヤウやアパーなどという子どもたちの「喪名」を用いて呼びかけて、獲物がなく飢えさせてしまうことを、ハンターたちは詫びる。なんと慈愛に満ちた表現かと、Kは思う。

アジャンらは、ライフル銃と籐籠《とうかご》を小屋の中に降ろすと、一日動き回った後の喉の渇きと空腹を満たすべく、コーヒーを飲み干し、冷や飯を皿に盛ってかき込む。アジャンが、その日の猟について、ぽつりぽつりと話し始めた。

マアウ川の上流の森の中に、足跡はたくさんあった。塩舐め場で腰を降ろしてしばらく待ったが、動物は来なかった。そのうち、雨になったんだ。本降りになって、音がまるで聞こえなかった。雨が上がる頃、フタバガキの実を齧るコッコッコッという大きな音が聞こえてきた。カスットとディマックスが吠え始めた。姿は見えなかったが、気づかれたのか、齧《かじ》る音が聞こえなくなった。今日はその一回限り、ヒゲイノシシに会ったのは。そのあたりには、真新しい足跡がたくさんあった。

その日の猟では、獲物は得られなかった。

ボレンは昼間、ラーたち四人が来たことをアジャンらに伝えた。彼らは、黙って聞いていただけだった。ラーたちは、自分たちの狩猟キャンプには、ここ三日獲物が獲れないということも言っていたらしく、どうやら、それを聞いてボレンは、食べ物を振る舞ったということが分かった。

Kは、自分が感じたラーたちの欲深さを思い出して、尋ねてみた。

「アジャン、マレー語のクマウアン（欲望）って、プナン語でなんて言うの？」

「なんだそれ？」

アジャンは、知らないようだった。

「プナン語のクルルーやジュ（欲しい、欲する）ってことだよ、マレー語のマウは。マウの前にクを付けて、後にアンを付けて……」

「知らねえや、ジャウィン、お前、知ってるか？」

「知らねえ」

こうした問答から察すると、どうやらプナン語には、欲や欲望というような抽象概念はなさそうだ。

「明日は、川に魚網を張ることにするか」

と、アジャンは話題を変えた。暫くの間、大人たちだけで話をしていたが、やがてそれぞれが蚊帳の中に入って、眠りについた。

V

朝まだ夜が明けきらないうちに、Kはアジャンに揺すぶり起こされた。米がなくなりかけているから雑貨店に買いに行く。これからマアウ川対岸の先の木材伐採道路に出て、木材会社の車を待っていれば、彼らが乗せて行ってくれるという。

アジャンは、たんに一緒に買いに行こうと誘っているのではない。現金を持っているＫが米を買うために、雑貨店に行く必要があるということを、ほのめかしている。Ｋはすぐにしたくをした。小舟で川を渡り、歩いて木材伐採道路に着いたのは、アジャンに起こされてから小一時間後のことである。

雑貨店では、アジャンの言うまま、米だけでなく、サゴ澱粉、コーヒーの粉や砂糖、食用油、洗濯洗剤、ろうそくを買った。加えてＫは、キャンプの子どもたちにお土産として、袋に入った飴玉を買った。

木材伐採道路を歩き、途中通りかかった木材会社の車の荷台に便乗させてもらって、川を渡って狩猟キャンプに戻ったのは、夕暮れ近くだった。Ｋは思う。ここでは、食べるためにすることは、何をするにも一日がかりだと。何かの目的があって、それをするための準備や移動があるのではない。移動や交渉を含めてひとつひとつの行為が、重く意味のあるもののように感じられる。

狩猟キャンプでは、午前中に魚網を張りに行ったティマイとジャウィンが、夕方に魚をたくさん持ち帰ってきていた。それらを早速、買ってきたばかりの食用油で揚げて、我々は、炊き立てのごはんとともに食べた。

Kは、子らにお土産を買ってきたのを思い出す。近くにいたティマイの二歳児の娘アアンを手招きして、二〇個くらい飴玉が入った袋を与える。彼女は、無言でKに、袋を空けてほしいと促した。空けてやると、薄紙に包まれた飴を開いて、早速舐め始めた。そしてKの手から袋をつかみ取ると、握りしめて、父母の蚊帳の中に入っていった。

翌朝アアンを見ると、口の周りを飴でべとべとさせて、飴玉の袋をずっと握りしめている。まだ小さい彼女の姉と、ジャウィンの小さな息子と娘が、アアンの横に黙って座っている。アアンが握りしめている飴玉を、欲しそうにしている。

その時、それを見ていたアアンの母親、ティマイの妻がアアンに近づいてきた。

「みんなにもあげなさい」

そう言われたアアンは、母親の顔を見上げて、怪訝《けげん》な様子だった。母親は、袋を取り上げて、中身の飴玉をひとつずつ、それぞれに配った。すると、アアンは、母親のやることを真似て、自らも飴玉を姉とジャウィンの子らに配り始めた。母親が手助けをして、一人四個ずつ、均等になるように配った。

Kは、この光景を見て、なるほどと思う。ものを惜しみなく分け与えるというプナンの寛大な精神は、けっして生まれながらのものではなく、このようにして培われていくのだろう、と。もらったものを他人と分かち合うことは、プナンが生まれながらに持っている「徳」などではない。

Kは振り返る。半年ごとにプナンの居住地を訪ねていく際に、Kはいつも古着やウェストポーチや化粧鏡や櫛などのお土産を持っていく。しかし、お土産は、決してたくさんの人たちがいる前で広げて見せないように言われる。みなが、あれが欲しい、これが欲しいと言って品物を持ち帰ってしまい、手元には何も残らないことを危惧するからだ。

逆に言えば、手元にものを置いておきたい、自分のものとして独占したいというのが本心であり、その個人独占欲をねじ曲げて、社会慣習として、ものを惜しみなく他人に与えることが行なわれているということなのではないか。

人は誰もがもともと、欲深い大きなリスやヤマアラシである。しかし、ここで生きていくためには、物惜しみせずに分け与えるマレーグマにならなければならない。悪い心がけを捨てて、よい心がけを持たねばならない、と教えられる。

大きなリスやヤマアラシは、欲の赴くままに蓄財する。他方、マレーグマは欲を放棄し、何も持たなくなる。蓄財することは、悪い心がけだと言われて、忌み嫌われる。プナンは、よい心がけを目指し、もらったら分け与える。自分に何も残らなくなる場合もある。

現金について言えば、プナンのポケットには、特別なことがない限り、ふつうまるで何も入っていない。財布があっても、中身は空っぽだ。

プナンは、欲望のままに生きる悪い心がけの者たちと、欲望を捨てて生きていくよい心がけの者たちという二派に分かれるわけではない。すべてのプナンが、欲望を捨てて、よい心がけを持つように動機づけられている。そのために目指されるべきは「無所有」である。何も持たないことこそが、そこでは、至上の価値だ。

いや、事態はより複雑だと、Kは思う。無所有こそが、彼らにとっての絶対的な価値だ。その無所有を絶対的テーゼとして、プナンは二手に分かれる。

それは、ものを独占したいという本心を裏切ることなく、持つ者たちにねだり、せびり、もらい続けながら生きていくプナンと、本心にある意味で蓋をして、分かち合うという社会正義を自らに引き受けて生きているプナンである。

VI

Kは、その翌朝も、夜明け前に蚊帳の中で揺すぶり起こされた。見ると、その朝起こしに来たのは、アジャンではなく、ティマイだった。ティマイは、ひそひそ声で語りかけてきた。

「夜の油ヤシ・プランテーションの猟に行く。懐中電灯がないので買いに行く。五〇リンギットあるか?」

ヒゲイノシシが獲れないので、夜に油ヤシのプランテーションに猟に行くことになった。そのため、懐中電灯が必要になるから、雑貨店に買いに行こうと思う。ついては、金が要るのだとティマイは言う。Kは一瞬考えるが、その活動そのものについては、反対する理由はないと思った。

Kが、その懐中電灯代を支払うべきなのか、というのが次なる課題だ。でもここでは、現金を持つ者がそうすべきだという考えが、一般的である。その考えに沿うにしても、懐中電灯は電池を入れてもせいぜい一〇リンギットちょっとだし、五〇リンギットというのは多すぎる。Kはそう思い、三〇リンギットをティマイに手渡した。ティマイはそれを無造作にポケットに突っ込み、無言のまま立ち去った。

ティマイの要求は、Kには、金をねだられる、せびられるという感覚に近いと思われる。しかしこの時Kは、プナンの行動規範を重んじながら、ティマイの言いなりになって、様子を見ようと思った。

ティマイに、この狩猟キャンプに来る前の日に、Kはこの時と同じように現金を無心されていた。その時は、小屋の屋根を作るためのビニールシートが必要だという理由だった。四〇リンギットを手渡した。ところが、雑貨店ではビニールシートは売ってなかったという。代わりに、船外機用のガソリンを買ったという。現物を確認したわけではないので、その真否は定かではなかったが、二リットルでせいぜい五リンギット、四リットル買っても一〇リンギットである。結局、その四〇リンギットの行方は、曖昧なままだった。

この狩猟キャンプに来てからも、ティマイは、同じような手口で現金を巻き上げていた。二日目に木材キャンプにヒゲイノシシの肉を売りに出かけた折に、アジャンが売り上げのうちの自分の取り分から二〇リンギットをティマイに渡して、サゴ澱粉を買うように言った。ティマイの家族は、米よりもサゴ澱粉を好んで食べる。ティマイは、サゴ澱粉を売っている店へと向かったが、みなで狩猟キャンプに戻る時には、それは見当たらなかった。ティマイは、そのことに対して態度を曖昧にし、アジャンのほうでも追及することはなかった。そこで、その翌々朝、アジャンがKを誘って雑貨店に出かけた時に、改めて、サゴ澱粉を買って帰った。

Kには、ティマイには、無所有者ゆえの戦略があるように思える。ティマイはつねに、誰かにねだる。小声でせびる。ティマイには、手に入れたいものがある。いつも酔っ払っていることから察すると、それは、酒やビールの類だ。

ティマイは、何も持たないことの強みに気づいている。何も持たないことの快楽に酔い痴れながら、現金やものを持つ者たちから、欲しいものを手に入れる。

VII

他方でアジャンは、ねだったりせびったりすることはほとんどなく、彼に与えられたものや現金を積極的に、あるいは自分の取り分がなくなってしまうまで、周囲の人たちに分け与える。そうすることでアジャンは、何も持たなくなる無所有者であるようにKには思われる。彼こそが、よい心がけという言い回しによって表される、プナンの文化規範の体現者だ。

アジャンは、Kとともに狩猟キャンプを設営することで、Kに、銃弾や食料や生活必需品を差し出させ、それらを、キャンプのメンバー全員に供するべく計らった。アジャンは決して、それらを自分や家族のためだけに用いることはない。

妻ボレンの、突然訪ねてきたラーたちに対する振る舞いも、その延長線上にあるのだと思う。アジャンやボレンは、自分の尻尾がなくなるまで、尻尾を他の動物に分け与えたマレーグマのように、自分のものがなくなるまで、人々にものを分け与える。そんなアジャンはビッグマンの資質を備えていると、Kは見ている。

アジャンはそのおかげで、この小さな狩猟キャンプで人々の尊敬を得ている。彼の発する言葉は、共同体の中で、ひときわ大きな意味を持っている。

だが、ティマイがねだり続ける人物でアジャンが分け与え続ける人物という価値規範の二分法は、事態をいくぶん単純化しすぎているのかもしれない。よい心がけを持つ人物でも、自らのためだけに蓄財し、自分だけが豊かになろうとすることへの誘惑を抑えることができなくなることがある。物惜しみすることのなかった大きなリスがフンコロガシに分け与えることを突然やめたように、「ケチであってはならない」というプナンの価値規範の体現者が、物惜しみをしたり、自らのもとに現金を蓄えようとしたりすることもある。

そうなると、人々は彼から離れていく。別のビッグマンのもとに駆けつける。分け与える実践者のこうした「心変わり」は、時々起きる。

ティマイが懐中電灯を買いに出かけた日、夜になってティマイは狩猟キャンプに、手ぶらで戻ってきた。どうやら、油ヤシ・プランテーションに夜の猟に行くなどという計画自体が、存在していなかったようなのだ。Kはマイルドなかつあげを、まんまとティマイにしてやられたのだ。

VIII

それから三日後の午前中のことである。ラセンの家族五人が突然、家財道具を抱えて、マアウ川の我々の狩猟キャンプを訪ねてきた。ほとんど何も言わずに、我々が住んでいた大きな小屋の隣に、小屋を建てていきなり住むようになった。それ以降ラセンは、アジャン、ティマイ、ジャウィンの狩猟キャンプに加わって、狩猟や漁撈活動をともに行なうようになった。

後に聞いたところによると、ラセン一家がそれまで一緒に行動していた狩猟キャンプのビッグマンであるジェイムが物惜しみするのに嫌気がさして、移住してきたのだ。ジェイムは、キャンプのメンバーが木材会社で働いて得た賃金を、もっぱら自分の家族のために用立てることが、ここしばらく続いているという。よい心がけを失ったビッグマンからは、心情的にも地理的にも人々は離れていく。

そうだとすれば、ビッグマンであること自体が、民心によって可能になっているのだと言えるのかもしれない。ビッグマンは実は、人々によって、つねに見られ、管理されている。その意味で、ビッグマンがビッグマンであるためには、ビッグマン自身が率先して、分かち合いを実践し、物惜しみをせずにひたすら人々に与え続けていく必要がある。

アジャンは、今のところ、物惜しみしないマレーグマのように、プナンの社会的な価値体系を重んじている。Kにとって興味深いのは、アジャンが、自らのために蓄財し、裕福になる人物に対して批判的な見解を示したことだ。

彼は、近年プナンの居住地に入ってから、プナンの女性と結婚し、子をなした、インドネシア出身のムスリムであるアリのやり方を、悪い心がけだと非難する。

アリはここにやって来て、いろんな便宜を図ってもらった上で、プナンをクーリーとして働かせて、木材伐採をして、金儲けをした。今では車を三台も持っていて、雑貨店まで開いている。でもアリは、自分が金持ちになるだけで、プナンに気前良く分け与えようとはしない。奴は、ヤマアラシだ。悪い心がけの持ち主だ。

アリは、プナンの居住地で商売を始めて、成功している。しかし、アジャンから見ればアリは、動物譚に出てくるヤマアラシのように、よくない心がけを持つ人物だ。アジャンのアリ批判はまた、個人による独占所有の欲を認めた上で、個人の蓄財を許す資本主義に対する痛烈な批判にもなっていると、Kには見える。

IX

ジャア、ドゥア、トゥル、パット、ルマ、ヌム、トゥジュッ、アヤー、ピアン、ジャアプルというプナン語の一から一〇までの数え方は、マレー語のサトゥ、ドゥア、ティガ、ウンパッ、リマ、ウナム、トゥジュー、デゥラパン、スンビラン、スプルーによく似ている。プナン語が、マレー語から影響を受けたのかどうかははっきりしない。それゆえにというか、その意味で、プナンが今日用いている「損（rugi）」「得（untung）」という語が、マレー語とそっくり、というよりもマレー語そのものであったとしても、それがマレー語からの借用であるのかどうかもまた、はっきりとしない。

一般にプナン語には、マレー語と同一の語がたくさんある（nasib＝運、fikir＝考える、pisit＝懐中電灯、injin＝エンジン……）。「懐中電灯」や「エンジン」などはマレー語からの借用語だと言えるだろうが、「運」や「考える」という語が借用語なのかどうなのかははっきりしない。経験的かつ直観的には、プナン語の損得の観念や用語は、Kは外来語であると思う。たぶん、マレー語からの借用語だ。というのは、それらは、狩猟民プナンが森の中で発しないたぐいの言葉だからである。それらは、比較的新しくプナンに導入された観念や語だと、Kは考えている。

森の中では、何かを得れば、そのことは得であり、何かを失えば損であるというような考えを、プナンはしない。そういう考え方は、彼らにはあまりなじまないと、Kは思う。逆に言えば、そういう捉え方をしなくてもいいほど、森には糧が、財が豊富にある。

人びとは、森の恵みをシェアすることで生き延びてきた。言い換えれば、損得という考え方は、シェアするという考え方と相容れない。損得は、シェアすることを原理として暮らしている人びとの頭の中にはない。損得概念は、くっきりと境界を与えられた自己と他者が行なう交換行為の中で発生する。

その語はまた、何らかの蓄えをしなければならない状況下で発生する。貨幣単位で事物を計ることが日常化するような状況で、プラス、マイナスという価値基準が成り立つことによって生じてくるのではないだろうか。

プナンは、銃弾を用いて猟に失敗すると、「銃弾を損した」と言う。銃弾は、ひとつ一五リンギット（約四五〇円）もするのだ。しかし吹矢を用いて猟をする場合、失敗続きで、たとえ毒矢がなくなったとしても、矢に用いる材料と矢毒を森の中から調達すればよいのであって、そこには損得勘定が入りこんでくる余地はない。吹矢猟は、損得勘定では計れない。プナンが元来、損得の観念と語を持たなかったのではないかというのは、そのあたりからのKによる類推である。

糧と財が、無尽蔵に出てくる森。そこにあるものは、狩猟民プナンにとって、決して損得で計られるようなものではなかったはずだと、Kは考える。

インタールード

明石先生のこと

Kが明石先生に会ったのは、彼女がKの高校のクラスに生物の授業の教育実習に来た時だった。明石先生は、背丈は中くらいで、細身で、クセ毛で、眉が濃く、唇がとりわけ印象的で、いつも淡い色のワンピースの服を着ていた。

授業中に、さし木の話を聞きながら、彼女の唇を眺めていたとき、Kの心臓は、とてつもなく大きな音を立てて鼓動し始めた。ドンドンドンドンと。唇の中に吸い込まれて、自分自身がついには溶けてなくなってしまうのではないかと思われた。Kは、あやうく失神しそうになった。その寸前だった。

それ以降、Kは、女性の肉厚の唇をまともに見ることができなくなってしまった。唇フェチってやつなのか、いや、見られないのだから、口唇恐怖症なのか。

明石先生がいた二週間は、生物の授業がことのほか楽しく感じられたが、彼女が学校を去ると、マレーバクによる授業に舞い戻った。Kには、生物がすっかり色あせてしまった。

しかし翌春、驚いたことに、明石先生は大学院のマスターコースを修了して、生物の新任教師として、Kの高校に赴任してきた。Kは、心の中で大きく高まる波のようなものを感じた。

生物はすでに履修し終えていた。考えあぐねた末に、Kは五月になると、男子生徒一人と女子生徒三人と相談して、生物部を創設することにした。Kがみなを誘ったのだが、彼はそのことはおおっぴらにしてほしくないと思っていた。

女の子たち三人が、生物部創部のことを明石先生に相談に行った。彼女は「それは、いいことですね、一年目は試験的にやってもいいですね、私が顧問をやりましょう」と言ったという。明石先生は、剣道初段の腕前で、剣道部の副顧問にもなったことを付け加えたそうだ。Kは、人は見かけによらないと思った。

何日か後の放課後、Kたちは、明石先生と一緒に、チャールズ・ダーウィンの『図版・進化論』を勉強した。彼女は、「個体発生は、系統発生を繰り返す」という言葉を教えてくれた。それが終わると、明石先生がプリントを用意して、霊長類の子殺し行動の話をしてくれた。夏休みには、剣道部員といっしょに、高校の近くの川原でバーベキューパーティーをした。生物部のある女子はそれから一〇年後に、同級生の剣道部員の一人と結婚している。

秋になると、生物部で週末に、山の中にシカの足跡の石膏を取りに行ったこともあった。帰りにぜんざいを作って食べたのを、Kはよく覚えている。男子部員が、砂糖と塩を間違えて持ってきたので、甘くないぜんざいになった。ぜんざいはほとんど食べなかったと思うが、部員が食器を洗いに川に行って、二人っきりになった時に、Kは明石先生に、「先生には恋人はいるんですか?」と聞いた。言った瞬間、なんて野暮なことを尋ねたのかと悔やんだが、先生は「いますよ、生物学ですよ」と答えた。Kは、うまくはぐらかされたと思った。

年が明けて、Kは三年生になり、大学入試共通一次試験に向けて準備を始めた。彼は、理科の二科目のうちの一科目として、迷うことなく生物を選択した。

英国数、世界史、日本史、生物、地学という五教科七科目のうち、Kは生物の成績だけが抜群に良かった。模擬試験では、生物だけいつもほぼ満点だった。他の科目は、あまり振るわなかった。明石先生に成績を見せに行くと、生物の成績がいいのはいいことだけど、他の教科もがんばりなさい、志望校を目指すには、あと一〇〇点の上乗せが必要ですね、と言った。

夏が終わり、二学期が始まると、同級生の剣道部の男が明石先生のことが好きだという噂が伝わってきた。その時になって、Kは自分もそうなのかもしれないと思った。とたんに、その剣道部員の顔が浮かんで、疎《うと》ましく思えた。

二学期が始まってしばらくすると、受験を控えて生物部員は、部活動をいったん休止した。試験的に創られたままの生物部には、後輩はいなかった。生物部の活動は実質的に、その時点で終了したことになる。

受験対策講座が組まれたある土曜日の午後、Kは、雷雨が上がるのを待って雨宿りをしている時に、明石先生が通りかかるのを見かけた。大雨にもかかわらず、雷雲が晴れ渡るような気がした。挨拶をして、立ったまま話をした。彼は、なんだか気持ちの高まりを抑えきれず、僕が卒業したら付き合ってくださいというようなことを、思い切って口から出してみた。

その瞬間、大きな雷鳴が轟いたように思う。明石先生は、それが鳴りやむのを待って、いつものように静かな口調で、あなたはきっと何かをやり遂げるはずよ、というようなことを言った。Kには、その言葉の意味がよく呑み込めなかった。言わなければよかったことを言ってしまったのだと直観的に悟った。明石先生は、微笑みながら、これから職員会議があるのよと言って、職員室に入っていった。

Kは呆然とその場に立ち尽くし、なんて、身の上をわきまえないことを言ってしまったのかと後悔した。耳の中にはいつまでも雷が鳴り響いていた。

それ以降、秋から冬にかけてKは乱調し、勉強がほとんど手に付かなくなった。年明けの大学入試共通一次試験、二、三月の私立大と国立大の受験もあっという間に、わけも分からずに済んでしまった。卒業式がどんなふうであったのかも、あまりよく覚えていない。

Kは、卒業式の前に、明石先生に進路を報告し、挨拶をしに行ったことは覚えていないる。でも、明石先生が、卒業式にいたのかどうかもはっきりしない。

それから数年、Kはなんだか胸につかえたものが、なかなか取れなかった。彼は、やるせない気持ちを抱えて、日本から脱出し、海外旅行に出かけた。バックパッカーとなって、転々と、国外を渡り歩いた。

その後も、Kはひんぱんに明石先生のことを思い出すことがあった。明石先生であれば今の落ち着きのない、薄汚い自分を見て、なんと思うだろうかとか、明石先生に会ってみたいと熱く思うこともあった。いや、いつかは、どこかで交わる道もあるはずだと思っていた。卒業後一〇年ほどして、インドネシアで正月を迎えた時に、明石先生にグリーティングカードを送ったことがある。返事はなかった。音沙汰もまったく聞かなくなっていた。

高校を卒業してから三〇年が過ぎようとしていたが、Kは、かつての生物部の女子の同級生から電話をもらった。明石先生が二〇〇七年の初めに、病気で亡くなっていたことを聞かされた。彼女もその後、卒業後、明石先生とは疎遠になっていたという。彼女の友人が、明石先生の夫になった、同級生だったという剣道部の部員から、訃報を聞いたらしい。

Kには、電話の向こうの声が一瞬、凍りつき、遠のいたように感じられた。Kは、思い出すと、今でも胸が張り裂けそうになる。当時の気持ちの塊が、ドカンと音を立ててぶつかってくるような気がする。若く美しかった明石先生のことを、Kは寂しく想う。

人類学

I

Kは、プナンのフィールドに何度か、夏季休暇中の大学生を連れて行ったことがある。その時は、アダー川の森でしばらく狩猟キャンプを張るというプナンのグループについていった。二人の男子大学生がついてきたが、そのうちの一人が言った。

「先生、よく寝ますね」

確かに、プナンの居住地、特に狩猟小屋に滞在するとKは実によく眠る。

アダー川の狩猟キャンプには、三家族一〇人のプナンと、Kと大学生二人が泊まっていた。Kと学生たちは、狩猟や漁撈についていて行くこともあったが、行かないこともあった。

朝六時、夜明けとともに決まって目が覚める。外気はひんやりしているので、毛布をかぶったまま座っている間に、プナンの女たちが残り火に薪をくべてお湯を沸かし、砂糖たっぷりのコーヒーを入れてくれた。それをすすっていると、尋ねられた。

「ミー（インスタントラーメン）はまだあるか？」

町で購入した五個入りの即席ラーメンの大袋を渡すと、しばらくすると、汁気少なめのラーメンが鍋ごと運ばれてきた。Kと学生たちは、車座になって、それぞれの皿によそって、スプーンで食べる。

その時になって、狩猟キャンプの男たち四人は、すでに猟に出かけていることが分かった。Kたちは、プナンのやり方に従って、朝だからといっても洗顔したり歯磨きしたりすることもなく、蚊帳を片づけることもなく、ずっと座ったままだ。

Kは小屋から出て、小用を済ませる。戻ってくると、幼児が喚《わめ》くように泣いている。子どもが、高床式の木の床を走り回っている。学生たちは座ったまま、ぼんやりとその様子を眺めている。プナンの子らの立てる緩やかな振動が、Kのほうに伝わってくる。

それらを見るでもなく見ているうちに、腕時計に目をやると九時少し前だった。K

は急に眠気を催してきた。Kはゴロッと横になった。

そのうちに熱帯の太陽はどんどんと高くに昇った。茹だるような暑さで、Kは目が覚めた。見ると、学生たちが、川に洗濯に行って戻ってくるところだった。森の中に建てられた狩猟小屋は意外とひんやりしていて、気持ちがいい。

正午になった。食べ物はなかった。プナンの女たちは、冷や飯を油でいためて、ソースで味付けをし、チャーハンを作ってくれた。洗面ボウルに盛られたチャーハンを、Kたちは再び車座になって、それぞれの皿によそって食べた。

学生たちが尋ねた。

「大人の男たちは、どこに行ったんですか?」

Kは、女たちに問いかけ、昨日ヒゲイノシシの足跡がたくさん残っていたアダー川上流の森に猟に出かけたことを学生たちに伝えた。プナンは猟に行く時、何も食べず、何も言わずに出かけるのだ。Kが知っている二、三のことを話して、それに関するやり取りをした。

そうこうするうちに、Ｋはあくびが出た。小屋の外から熱い風が流れ込んできて、何もする気が起きなくなり、あくびを抑えられなくなった。その場で横になった。木が敷き詰められた床はひんやりと冷たく、心地いい。

「あ、ヒゲイノシシを持って帰ってきましたよ」

と言う一人の学生の声で、Ｋは目が覚めた。

見ると、ひとりが頭から腹にかけての部分を運び、もうひとりが、腹から尻尾にかけての部分を運んできた。大きな獲物だ。子どもたちは、周囲に集まって、時々触り、獲物を観察している。

狩猟小屋から出て、Ｋは、学生たちとともにヒゲイノシシの解体を見学した。三人のハンターが戻ってきていた。もう一人は、魚網を張りに行っているという。Ｋは、朝からの狩猟行のことを話すハンターの話に耳をそばだて、それを学生たちに伝えた。

解体されたヒゲイノシシの肉のうち、まずは心臓や肝臓が串刺しにされて焼かれた。学生たちはうまそうに頬張った。

米が炊かれて、白飯とともに、肉スープが出された。狩猟キャンプのメンバーは、獲れたてのヒゲイノシシの肉料理をひと通り堪能した。

食べ終わると、日が暮れ、ろうそくが灯された。何をするでもなく、ろうそくの火を見つめながらだらだらしていた。腕時計を見ると、午後八時だった。

誰よりも早く眠くなったのは、Kだった。あれだけ寝たのになぜこんなに眠れるのか分からないが、Kは蚊帳を張り、ゴロッと横になり、そのまま寝入った。

Kは、日本にいても夜に眠れないことはないが、朝方に目が覚めてしまうと、それからしばらく眠れないことがある。心配事などがあると、目が冴えて、なかなか寝つけなかったりすることも時々ある。ところが、プナンのところに行って狩猟キャンプに寝泊まりすると、夜だけではなく、昼間も複数回眠る。何なら一日でも寝ていられる気がする。

眠気が襲ってくるのだ。抗ヒスタミン風邪薬を服用したり、日中歩き回った疲れが出て眠くなったりするというのではない。ごく自然に眠りに陥る。プナンは、そんなKの行状に対して、誰に対してもそうだが、何も言わない。

よく寝ますねという学生のつぶやきは、そんな狩猟小屋でのKの眠りようを見て、漏らしたものだった。Kは学生に、ちょっと偉そうに返答した。

「フィールドでは、寝ることこそが人類学者の仕事と心得よ」

II

その言葉は、口から出まかせのように聞こえるかもしれないが、あながち間違ってはいないと、Kは思う。

狩猟小屋に寝転がっている間に聞こえてくるプナンの会話は、大脳辺縁系を発達させた「哺乳類脳」や大脳新皮質を発達させた「人間脳」を超えてその奥にある、脳幹、すなわち「爬虫類脳」にまで沁《し》みわたるように思われる。プナン語なので、言っていることは分からないことも多々あるが、何を言わんとしているのかが、感情や言語以前のレベルで分かった気になる。ほんとうに分かったのかどうかはっきりしないが、爬虫類的に捕まえた気になる。

寝転がるだけでなく、狩猟小屋の人々の生活空間のど真ん中で眠ることもまた、フィールドワークの重要な部分なのではないかと、Kは思う。フィールドワークは、狩猟小屋で「現実」と「夢」のはざまで行なわれるものだと言っても過言ではない。それとは逆にKにとって、狩猟や漁撈に出かけて、記録を取ったりすることの占める割合はあまり多くはない。約半分は、狩猟小屋で寝転がりながらの、睡眠学習のようなものだ。

Kが聞き取った神話や動物譚は一〇〇近くある。頼んで話してもらったものももちろんあるが、狩猟小屋で寝転がってぼんやりと聞いたものもたくさんある。狩猟小屋で寝転がって聞いたものは、その場でその時はとてもよく理解できる気がするのだが、データ化しようとしてもう一度話をしてもらうと、何のことを言っているのかが分からないということが何度かあった。

III

そんな、寝ながら聞いて分かったつもりだったのが、改めて聞くと分からなかった動物譚のひとつは、こんな話だ。
Kは最初、二〇〇六年にこの動物譚を寝転がって聞いた。ある夜、狩猟小屋でアヴンが、彼の幼い子どもたちに話していた。聞いている時は、分かった気がした。翌朝起きて、書きつけておきたいと思って、アヴンにもう一度話してほしいと頼んで聞いた時には、何を言わんとしているのかが、ほとんど分からなくなっていった。

カメとマメジカは、どちらが速く走れるかを競走した。マメジカは走った。マメジカは、自分のほうが早く着いたと思った。そう思ったら、なんとカメは、すでにそこにいた。カメが勝ったのだ。

今度は、貝とマメジカが競走した。マメジカは走った。マメジカのほうが早く着いたと思ったら、なんと貝はすでにそこにいた。貝が勝ったのだ。マメジカは負けたのだ。

カメも貝も、道に沿って並んでいたんだから。一匹よりも多数のほうが勝つに決まっている。


Kには、聞き取った時、この話が何のことを言っているのか、つかめなかった。寝ている時には分かったのに、言語化してみると分からないというのは、とても不思議なことだ。

どう考えてもそんなはずはないのではないか、というのが、Kが引っかかっている点だった。明らかに、マメジカの勝ちではないか。

その後二〇一六年に、アヴンが一〇年前の子らの弟や妹たちである幼子たちに同じ話をしているのを耳にした。ふたたびこの動物譚を聞いた時、Kには、言っていることを理解することができたように思われた。カメと貝はそれぞれ、マメジカに競走で勝った。マメジカも、その意味では不甲斐ない。カメや貝がすでにいて、自分は負けたと思ったのだから。

プナンのロジックでは、カメであれ貝であれ、動きの鈍い動物やほとんど動かない生き物が、マメジカが進む道の至るところにいるため、マメジカよりも先に到着してしまったかのように見える。Kは、話の筋は無理やりかもしれないが、言っていることがなんとなく分かると思った。集団は、個に勝る。

一〇年後にこの話を聞いた時、アヴンはその話を聞いているKのことを意識して幼子たちに、マメジカは、プナンに来たKだとも言った。Kは、そこでは一人しかいない点でマメジカだが、プナンはあそこにもここにもたくさんいるので、カメであり貝なのだと。

森の中では、一匹や一人ではなく、多数が有利だということを、アヴンはKに話した。個は、その代わりになる存在者がいたるところに潜んでいて、多数者となって、個の力に勝る。Kには分かる気がした。

アヴンは、「でも」と言って、こんな話を聞かせてくれた。

マメジカも負けてばかりじゃない。マメジカは、マレーグマと競走した。マメジカは、競争の前に、唐辛子を植えた。そして唐辛子ができるとすりつぶして、マレーグマを食事に招いた。マメジカは、マレーグマの手を眼のところに持っていかせたのだが、案の定、マレーグマは目が痛くなって、絶叫した。その隙にマメジカは走り去って、今度は勝利者となったんだ。

狡知に長《た》けたマメジカが今度は、マレーグマに勝利する。プナンの神話や動物譚では、負ける者がいつも負けるとは限らない。そういう点が面白いとKは思う。特定の動物が負けっぱなしなのではなくて、別の機会には勝つ。

カメと貝とマメジカの話に戻れば、それは、Kには分かったと言っても、すっきりと分かったとはまだ言えないかもしれない。そこで語られるのは、プナンにとっての集団の重要性なのだろう。集団は、個をつねに上回る。

IV

ある時、数家族のプナンが、油ヤシのプランテーション内の川べりに狩猟キャンプを張るというので、Kもついて行った。その狩猟キャンプに滞在した四泊五日の間に、プナンの採食活動によって苦労して捕れたのは、六メートルの蛇、スミゴロモという鳥、ホエジカなどの獲物だった。川の流れに魚網を張って、たくさんの魚が捕れた。

持ち込んだ米やサゴ澱粉などの主食はあったので、捕れた獲物の肉や魚で満足した。ある夜、キャンプの周りはいつまでも明るかった。ふと見上げると、満月に近い月が皓々《こうこう》と輝いていた。

その時、プナン女性シタから尋ねられた。

「あの月に人間が行ったって、ほんとう？」

Kは小学校に上がった頃にテレビ中継で見た記憶のあるアポロ11号の月面着陸の映像を思い出しながら、今から五〇年以上前に、アームストロングというアメリカ人が月に降り立った話をした。

隣で寝そべってその話を聞いていた、年老いた男性ブクンは、月に何しに行ったのだろうと、小さな声で呟いた。それにKは答えなかったが、直後にブクンは、プナンに古くから伝わるマディンの話をしてくれた。この話は、Kが二〇〇六年に、故ウダウから聞いたのと同じものだった。聞いているうちに、最初聞いた時には、何が言いたいのかが分からなかったことを思い出した。

昔、マディンたちが暮らしていた頃のこと。マディンの家族は、来る日も来る日も森の中を歩き回ったり、川を遡ったり下ったりして、食べ物を探さなければならないことに嫌気がさしていた。すると突如、小屋が宙に浮かび上がって、飛べるようになった。彼らは小屋に居ながら、そのまま空に向かって飛んでいってしまったのだ。それ以降、彼らは空の上で、何もしないで食べ物を手に入れて暮らしているのだという。

マディンたちは、日頃の採食活動が疎ましくなり、地上を離れて、天空に駆け上がり、働かずとも生きていける場所に移住したというのだ。それは、一六年前にも聞いて、なぜこのような話が伝わっているのかが分からなかった「天空移住神話」だった。

その晩この話を聞いた時、Kの脳裏に「テラフォーミング計画」のことが思い浮かんだ。気候変動や地球環境危機により、将来人間が地球に住めなくなることを見越して、月や火星を人間が住めるよう地球化し、ゆくゆくはそちらへ移住することが、現実に計画されている。

テラフォーミング計画は、食べていくために働くのが辛いから働かないで食べていける地球外の場所に移住するというのとは違うが、地球から脱出して他の惑星に移り住むという点で、マディンの話と似ている気がした。聞いてみると、マディンの行った天空の理想郷は、人が死んでから行く場所ではなかった。天空は、彼らがバルイと呼ぶカミたちが集う、現実を超えた「異世界」だった。

V

その翌日の夜のことである。午後七時頃に日がとっぷり暮れると、昨晩とうって変わって、空は分厚い雲に覆われた。しばらくすると、天空に稲光が走り、雷鳴が轟き始めた。雨粒がぽつりぽつりと落ちてきた頃合いを見計らって、人間が月に行ったのはほんとうかと昨夜問うた女性シタが、大きな声で天に向かって、祈り文句を唱え始めた。

うなりを上げ、稲光を放つ雷がやって来た。雷のカミ、嵐のカミ、稲妻のカミよ、どうかやめておくれ。もうラニャウの妻の命を、バヨの妻の命を奪ったではないか。それ以上また、我々の命を奪うのか。止めておくれ。イノシシなどいない。シカなどいない。我々が過ちを犯すはずないだろう。どうか止めておくれ。

彼女は、最近周囲で死んだ人々の名前を挙げて、天空のかなたのカミたちがこれ以上、人間の命を奪うことがないよう、うなるのを止めてくれと、激しい口調で唱えたのだった。彼女は同時に、自らの分身たる髪の毛を焚火の木の燃えさしで焦がし、天に向かって勢いよく放り投げた。

高神たちは、動物に対する人間の粗野な振る舞いを告げ口にやって来る動物の魂に同情して、怒りの爆音を空一面に鳴り響かせて、荒天を引き起こすとされる。動物に対する人間の過ちというのは、例えば狩られて死んだイノシシを前にして「ブスルク」という忌み名で呼ばなければならないところ、「マブイ」という本来の名前で呼ぶことなどがある。人間の心ない、乱暴な態度にイノシシの魂は傷ついて、天空に駆け上がる。

シタは、イノシシという彼らの最も好物とする獲物なんてどこにもいないし、苦労しても獲物がほとんど手に入れられないのだから、人が過ちを犯すなんてありえない。それに、これまでに何人かの命をすでに奪っているので、あなたたちカミに我々が天罰を与えられる謂《い》われなどないではないか、うなるのを止めてくれ、轟くのをやめてくれ、と訴えたのだ。必死の訴えが聞き届けられたのか、その後ほどなくして、雷雨は止んだ。

VI

地上の世界は、人間と動物から構成されている。天空のかなたの異世界にはカミがいて、そのもとには、動物の魂が、人間の粗野な振る舞いを告げ口するために駆け上がる。人間と動物のいる地上世界と、動物とカミが住む天空という二つの世界が存在する。

こうした「二層構造」により、地上での人間の動物に対する振る舞いが、天空でカミに影響を与えることになる。宇宙の秩序が保たれるには、カミ、動物、人間の間に、優劣や支配・被支配の関係があってはならないのだ。

人間は地上で、あらゆる動物を狩猟して食べる。それゆえにいっそう、動物に対する振る舞いには慎重でなければならない。地上で人間が食べる以外に、一方的に動物を支配したり、露骨にいじめたりするなら、動物によってなされるカミへの告げ口により、天空と地上、異世界と現実世界の間のバランスが一気に崩れてしまう。

こう考えていくと、Kには、地上での採食活動が煩わしくなって、天空の彼方へと飛び去り、そこで何もせずに暮らしているマディンのことが分かるような気がする。マディンは、カミと動物が住まう世界に参入して、そこで生きていくことを選んだのだ。

マディンの物語とは、生き抜くための努力や生業の必要が無化された場所で、カミと動物と人間の三者の完全なる対等な関係性のもとに、人間が、食べることに何の不自由もなく生き続けていく、という話だったのだ。そのためにマディンたちは、魂となって、軽々と天空の彼方に行ってしまったのではないか。

Kの脳裏にアニミズムという言葉が浮かんだ。アニミズムとは、人間やカミや動物の諸存在者のうちどれかが、それ以外の存在者にとっての主人ではないことを条件とする存在論だ。だが地上で、動物を食べ、動物に関わるプナンは、つねに不完全なアニミズムを生きていかざるを得ない。

マディンは、天空のかなたの理想郷に移住することで、動物を殺《あや》めたり、動物に粗野な振る舞いをして過ちを犯したりすることなく、つねに食べ物を授けられて暮らすことができるようになった。そうして人間は、カミと動物との間で完全に対称的な関係性を築き上げたことになる。

Kには、マディンの物語は、プナンのアニミズムの完成形を暗示しているように思える。月夜の晩と雷雨の晩に、天空を見上げながらのブクンの話、シタの唱え言を聞いていると、そう解釈してもいいように思えてくる。しかし他方で、プナンはそんなふうに抽象化して考えることはしない。だから、この解釈は外側からのひとつの解釈にすぎないとも、Kは思う。

VII

我々は、ダプイ、ルバン、ニャラウ、ポック、パローなどの川の周辺の森を移動しながら暮らしていた。ある時、ブラガからアバウ・オンという名の華人商人がやって来て、空いている土地があるからそこに来て住まないかと言ったので、一〇〇人くらいのプナンで集まって、そうすることに決めた。反対する者は誰もいなかった。ブラガ川沿いの土地に移り住むと、州政府の大臣のニパー・バトゥらが、米、皿、匙や鍋を持ってきてくれた。

ウスン・アパウ。それが、現在ブラガ川上流に住むプナンの一派がノマド時代を過ごしていた原郷の森の名前だ。彼らが遊動民たることを放棄して、川沿いの村に住所を持つようになってから、四〇年が過ぎた。

森の中から出てきた時、アヴンは二〇歳を少し越えたくらいだった。

森の中では、我々はいつも移動していた。サゴ澱粉がなくなると、ナガの木を求めて移動した。ヒゲイノシシがいなくなったら、移動した。そのたびに重い荷を背負った。ダマルで夜の灯りを付けたが、よく切れた。塩やタバコを得るために、何日も何日も歩いて、焼畑民のところにも行った。ものとものを交換した。定住してからは、ずいぶんと便利になった。働いて現金を得ることができるようにもなった。

森の遊動生活を経験した世代のプナンは、ノマド時代と今を比べて、概して、今の暮らしのほうが楽だという。

ところで、アレット川沿いの油ヤシのプランテーションの近くで、四家族総勢二二

人で、狩猟キャンプを張ったことがあった。その頃、マジャットはいつも酔ってい
た。彼は、猟にも行かなかった。
彼は、この半年ほどの間に、妻と娘を亡くしていた。二人とも太り過ぎだったと、
マジャットは言った。どちらも、心臓の病だったという。搬送された先の病院で帰ら
ぬ人となった。

べろべろに酔ったマジャットは、Kが、ウガットとウミックと話しているところに
やって来て、くさい息を吐きながら話し始めた。何を言っているのか、Kにはほとん
ど分からなかった。ウガットは、立ち上がって早々にその場を離れた。しばらく聞い
ていたウミックも、近くに幼い子が来た機会に、その場を離れた。事情を呑み込め
ず、Kは、マジャットの話を聞き続けた。
二人が去ると、マジャットは、違う話をし始めた。Kには、すべては聞き取れな
かったが、だいたいの話の内容はこうだ。

昔、プナンは森の中で、一〇〇歳まで生きた。今は、四〇歳や二〇歳で病院に

行って死ぬ。現代の即席ラーメンや缶詰などの食べ物が悪いんだ。ぶくぶく太って、病気になる。だから、もう一度、森に戻って暮らすしかない。

死者についてはその名を言及してはいけないとされていて、控えめな表現がなされているが、「四〇歳」とはマジャットの妻のことを、「二〇歳」とは、結婚したばかりで一児を設けた娘のことをさしている。マジャットは、インスタントラーメンや缶詰という現代の食べものが、彼女らを太らせて、病気にしたのだと考えている。

森の中で暮らしていた時代には、そんな食べものなどなかったし、病気もなかった。一〇〇歳まで生きていたということはないと思われるが、健全に暮らしていた森の中に戻らねばならないと言う。森の民による森への回帰宣言だ。酔っ払っているとはいえ、マジャットは、自らの苦しい経験に基づいて、理路整然と語っているのではないか。Kには彼の気持ちが分かった気がした。

その話をマジャットは、三度にわたって繰り返した。その後今度は、「核爆弾は、寝ている時に落ちてきて、全員死んでしまう」というような内容の話を、ドーンとかウーとかいう擬音語を必要以上に交えて、五度か六度繰り返した。Kは、マジャットが早くその話を止めてくれないかなと切に願ったが、一方で、この酔っ払いには、その話をすることで、何か言いたいことがあるのではないかとも思った。

VIII

マジャットは、妻と娘の死により、世界の終わりを経験したのではなかったか。核爆弾が落とされて、寝ている間に、何も知らない間に、身近な人たちが死んでしまったという世界の終焉が、マジャットには実際に起きたのではなかったか。

そう考えると、Kには、先ほどから酔っ払って、何度も何度も、荒唐無稽なことを喋り散らしているマジャットのことが、哀れに思えてくる。立て続けに近しい人を亡くしたつらい経験を自分の中に閉じ込めておくことができずに酒を呑んで、悲しく苦しい胸の内を吐露しつづけているのではないかと、Kは思う。

一時間以上もマジャットは喋り続けたが、急に俯《うつむ》いてぐったりとして、「帰る」とだけ言い残し、その場を去っていった。彼の小屋は目の前にあったが、Kには夜の闇に消えたように見えた。

Kは財布を取り出して、中にあった八〇リンギット（約二四〇〇円）を封筒の中に入れた。宛名を書いて、近くにいた少年ラーに託してマジャットにそれを届けるように言った。

暫くすると、ウガットとウミックがやって来た。ラーに手渡した封筒は、彼らが知るところとなったのだ。ウガットたちは、Kの前に座って、マジャットにお金などやらないでくれときっぱりと言った。マジャットはいつもいつも酔っ払っていて、人々との間で悶着を起こしたり、余計なことを言って惑わしたりするので、彼にお金を渡すなんて必要ないというのだ。

Kには、ウガットたちには、マジャットの悲しみに寄り添う気持ちがまったく感じられなかった。しょっちゅう酔っ払って、誰彼なく話しかけ、そこで諍《いさか》いなどを引き起こしているマジャットには、同情する余地なんてないというのだ。

「酔っ払って、ロベットが父親の銃を売り渡したとありもしないことを言いふらして、騒動になったたし、つい先日も、木材伐採会社のマネージャーが、アダー川にヒゲイノシシの足跡があると言ったなんて嘘をついたりもしたんだぜ……」

「どうせ金を渡したって、酒を買って飲むだけさ」

そう言われて、Kは、さらに酒を買うために金を渡しているようなもので、よかれと思ってやる行為が裏目に出て、周囲の人たちに迷惑をかける可能性があることに気づかされた思いがした。

Kは、マジャットから聞いた話をかいつまんで話して、マジャットは心が折れているに違いないとも述べたが、ウガットらは、自分たちの言い分をけっして譲ろうとはしなかった。Kは引き下がるほかなかった。

こうして、金で気持ちを表すというKの志は阻まれた。それにしても、マジャットに対して、ウガットとウミックの態度は厳しすぎるのではないかとも、Kは思う。悲しみに暮れて、自分を失うまで酒を呑み、他の人に不快を与えてきたにせよ、マジャットのやむにやまれぬ振る舞いに同情する気持ちはないのかとも思う。

そこでは、打ちひしがれたマジャットの気持ちよりも、周囲に迷惑をかけるマジャットの行ないのほうが問題なのだろう。重んじられるのは、たぶん個よりも集団なのだ。個人を気づかうよりも、集団で感じられる快や不快のほうにこそ注意が向けられるのが、プナンのやり方なのかもしれない。

とるに足らない出来事のようでいて、マジャットをめぐるプナンの態度はとても衝撃的なことのようにKには感じられた。しかし、個よりも集団に重きが置かれるというのは、この出来事から類推されるプナンの態度の唯一の解釈ではない。

Kが、そうではないかと思っているだけで、これだけをもってプナンのことが分かったことにはならない。分からないことは、分からないままでいい。

IX

レプトスピラ症という、日本ではあまり知られていない人獣共通感染症がある。それは、ネズミなどの齧歯《げっし》類の動物の尿の中に保持されている菌に、人が経口あるいは経皮感染した場合に発病するとされる。ネズミなどの尿が川の水とともに流れ、土壌の中にたまり、その中の細菌が運悪く身体に侵入したのであろう、Kはある時、レプトスピラ症に罹った。

日に二度も三度も裸になって、川で水浴びをする習慣がある熱帯の狩猟民の生活環境では、水を浴びてたまたま経皮感染するというのは、たぶん避けることができない。レプトスピラ菌は、洪水の後に大量発生すると言われているが、Kのフィールドで洪水があったわけでもない。ネズミは人の住む小屋の周りをウロウロしていて、プナンは捕まえて食用とするが、その時の一ヶ月の滞在中にKはネズミを眼にしていない。

Kは帰国後にその病気に罹ったことが判明したのだが、日本国内の医療機関の実直でシャキッとした担当医は、レプトスピラ症は、ボルネオ島（マレーシア・サバー州）で二〇〇〇年にエコ・チャレンジの大会があって、参加者がそれぞれの国に帰ってから発病して話題になったことがあると教えてくれた。インターネットで調べてみると、以下のような記事があった。

二〇〇〇年八月二〇日から九月三日まで、ボルネオ島で開催されたエコ・チャレンジ・サバー二〇〇〇エクスペディション・レースの参加者に、レプトスピラ症の発生が報告された。この病気は、セガマ川の水への接触に関連している。症状は、発熱、悪寒、頭痛、筋肉痛、関節痛、結膜炎などだ。死亡者は報告されていない。…（中略）…レプトスピラ症は、感染した動物の尿で汚染された水に触れることでヒトに感染する。レプトスピラ症のリスクがある活動に参加する旅行者は、予防としてドキシサイクリン二〇〇mgを週一回服用する必要がある。

その時は、パシャパシャと川の水を浴びただけで彼らは感染したらしい。予防薬があったことを、Kは知らなかった。

チーム医療の別の医師は、日本国内では年間二〇例くらいの症例が報告されていると語った。中でも、料理店などで働く店員が、ネズミの尿から感染する都市型のレプトスピラ症もあると教えてくれた。

その年の二月にKは、プナンの居住地を訪れた。そこからの帰路、三月一〇日に、マレーシアの首都クアラルンプールに立ち寄った。そこで、Kはまず首筋から背中にかけて、酷《ひど》い凝りに襲われた。

翌一一日、突然の悪寒とその後発熱に見舞われた。検温すると、三八度台の後半だった。頭痛と発熱に苦しめられ、一日中部屋で寝ていた。手持ちの解熱鎮痛剤を一日四回処方したが、症状はほとんどやわらぐことはなかった。

そうこうしているうちに、一二日の夜になって、熱はいったん引いた。ダルさはあるものの、飛行機には乗れそうだと踏んで、クアラルンプール国際空港へ向かった。夜行便の飛行機の中では、とにかく眠った。熱は出なかった。両脚がとにかくダルく、どうにかなってしまうのではないかと思われた。翌一三日の朝、成田空港に到着した。ふたたび高熱に襲われたのは、一三日の午後のことだった。

激しい頭痛と高熱、倦怠感が襲ってきた。Kは、自分で車を運転して、都内の熱帯病専門の病院の救急外来を訪ねた。血液検査をして、標本で反応を調べてもらって分かったことは、それはどうやら、マラリア熱でもデング熱でもないということだった。症状としては、眼の充血、黄疸《おうだん》、肝臓、腎臓機能の低下、血糖値の上昇などが顕著に見られ、より詳しく調べて、病気を特定した上で加療する必要があると言われ、即日入院することになった。

時々脳の内側に走る激痛があった。高熱と倦怠感が続いた。鎮痛剤を処方してもらっても、ほんの僅かな時間しか、ほんの僅かな程度しか、熱は下がらなかった。とても苦しかった。Kは、それまでに三回、三日熱マラリアに罹ったことがあったが、マラリアの高熱はいったん引いてとてもさわやかな気分になるが、その高熱がずっと持続する苦しさを感じた。

入院して三日後の一六日になって、ようやくレプトスピラ症という診断が下された。治療として、日に四回、ペニシリンが点滴投与されることになった。ああ、アレクサンダー・フレミング。

最初は、アレルギー反応のためであろうか、四〇度の熱が出たが、ペニシリン投与二日目からは、しだいに症状は安定した。問題は、機能低下した数値が回復するかどうかだった。重症化すると、黄疸、出血、腎障害を伴うワイル病になる可能性もあった。死に至ることもあるという。腎機能の経過を観察するためにずっと点滴が投与され、夜中も含めて、一時間ごとに小水を出しにトイレに立つのが非常に辛かった。

その年、マレーシア・サラワク州では、レプトスピラ症と類鼻疽《るいびそ》が流行っていたことを知った。類鼻疽菌もまた土壌や水などに分布する細菌で、汚染された土壌の粉塵や水の飛沫等の吸引による感染や、皮膚の傷が土壌などに汚染されて感染する。その年には州内で、類鼻疽で死者が出たらしかった。

Kは、いかに予防に迂闊《うかつ》だったかを思い知らされた。レプトスピラ症の流行地域では、不用意に水に入らないこと、特に洪水の後には入らないことが重要だとされていた。

そして、入院一二日目にようやくKは退院した。体内に寄生虫もいるということが分かったが、その後、薬を服用して治療することになった。

不思議なことに、その年の秋の健康診断では、歳とともに基準値を超えて示される傾向のある検査項目の数値が、すべてにわたって正常値にリセットされた。オールAだった。その時は、きれいな体に戻った気がした。

そのことにKはとても驚き、感激した。それはたぶん、あのペニシリン投与のおかげではなかったかと、Kは思っている。

X

「身体的性が男性であるが、女性として生きていくことを望む人」をMtF（Male to Female）、「身体的性が女性であるが、男性として生きていくことを望む人」をFtM（Female to Male）と、一般に呼んでいる。狩猟民社会、あるいは「原始」社会にMtFやFtMは存在しないという報告がなされたことはなかったのかもしれない。

Kは、狩猟民社会にはいないと、勝手に思い込んでいたふしがある。というのは、Kが知っている限り、ブラガ川上流域のプナンにはMtFやFtMはいなかったからである。

ある時、Kは町で四輪駆動車のレンタカーを借りて、ブラガ川上流域からロギングロードを通って半日かけて、ピレラン川流域に住むプナンの居住地を訪ねた。

そこで、一人のFtMを目撃した。FtMかどうかは、実ははっきりしない。男装している女性だったかもしれない。三日間そこに滞在しただけなので、本人から直接話が聞けたわけではない。

年齢は一〇代前半、生物学的には、女として生まれたという。いつの頃からか、男の子の格好をするようになったらしい。今では、男の子たちと仲良くすることが多く、親にバイクを買ってもらって、乗り回しているという。周囲の男たちは、そういう存在は珍しい、ここには一人しかいない、なぜそうなったのかは分からないとKに語った。

男たちは、サラワク州の都市で使われている「トンボイ《おなべ》」という語彙を用いて、彼女のことを語った。Kは、都市部の理髪店などでは、「ポンダン《おかま》」をたまに見かけることを思い出した。マレーシアやインドネシアのとりわけ都市部には、ポンダンが存在する。

ピレラン川の若きプナンのトンボイははたして、そうした都市文化に影響を受けたのだろうか。気になっていろいろと聞いてみると、リナウ川にひとり、コヤン川にひとり、計二人のポンダンのプナンがいるとのことだった。

ところで、ピレラン川のプナンの居住地に滞在している三日の間、四輪駆動車を居住地脇に泊めておいた。Kは迂闊だったのかもしれない。レンタカーのボディに二箇所、釘で落書きをされた。のたくった字のような字でないような模様から判断して、プナンのキッズたちの仕業だ。

そのことにKは、一週間後、町に車を返却しに行った時に気づいた。傷を消すためにワークショップにつれて行かれ、八〇〇リンギット（約二万四〇〇〇円）を請求された。

「無秩序というか、無邪気というか、やってくれるぜ、プナンキッズは！」

Kは、なぜかとても清々しい気もする。

XI

二〇二〇年初に始まった新型コロナ感染症の世界的な流行のため、しばらく行くことができないでいたが、マレーシアの感染者数が下火になったことと、それゆえの旅行規制緩和措置を踏まえて、二〇二二年八月に三年ぶりでKはプナンのフィールドを訪ねた。ちょうどその一年ほど前から、こちらも世界的に流行していた豚熱《ぶたねつ》ウイルスの影響で、フィールドとその周辺地で、プナンに食料として最も好まれるヒゲイノシシが死滅していた。今ではコロナよりも、イノシシが食べられないことのほうが、彼らにとっては、おおごとのように思えた。

プナンの居住地に着くとKは、若者たちに尋ねられた。

「日本の映画スター、スギオノ爺さんって、知ってるか?」

Kは知らなかった。高齢のポルノスター男優スギオノが今、インドネシアやマレーシアの地下で大流行《はや》りなのだ。

Kには、プナンの若者たちが、なぜそんなことを言うのか不思議だったが、その理由はすぐに知れた。一年くらい前から、居住地に無料で電気とWi-Fiが来ていた。彼らは、日本円で三万円程度のスマホを買って、いつでも充電ができるので、Wi-Fiに接続して、エロ動画を見ていた。

彼らは、Whatsappというアプリに無料登録し、文字を書くことができるプナンは少ないということもあってか、頻繁にボイスメッセージのやり取りをしていた。ところが彼らは、豚熱コレラやヒゲイノシシの死滅などに関するインターネット情報には一切アクセスしていなかった。多くのプナンがKに、人間はコロナにやられなかったが、ヒゲイノシシはコロナにやられてしまったのだと語った。

プナンの居住地では、二〇二一年の八月に感染者クラスターが発生した。「しばらくの間、森に逃げよ」と言った医者の言葉に応じるかたちで、州政府からの支援物資を持って、森の中に隠れ住んでいた。

電気と通信革命が届いていたことは、Kには大きな驚きだったが、変化はそれだけではなかった。三〇〇人くらいの居住地に約一〇台の四輪駆動車が並んでいたのにも、とても衝撃を受けた。

油ヤシ企業がどんどんと新たに土地を整備し、油ヤシの植樹を進めており、企業の計らいで、プナンは車を手に入れていた。企業が車を購入する際の保証人になり、頭金を肩代わりしていた。車の所有者であるプナンは、働きに出かけるプナンから乗車賃を取って、それを毎月のローン支払いの一部に充てていた。

油ヤシ・プランテーションの企業にとっては、遠方から働き手を連れてくるより、周辺地に住んでいるプナンを労働者として組織するほうが効率的だと考えたのではないかと、Kは考える。以前はプナンに賠償金を支払っていた時期があって、それはビールや生活必需品にたんに消費されるだけだということに、企業は気づいたのかもしれない。

二〇二〇年代になって、プナンは車で油ヤシの賃労働の現場に通い、Wi-Fiに接続して、スマホでやり取りをし始めていた。プナン居住地に入り込んだ電気と通信と交通は今後、はたして、彼らの生のスタイルを根底から変えてしまうのだろうか？　逆に、これまでそうだったように、プナンの持つ「野生の思考」的な独自のロジックで、外部から入ってくるシステムを粉々に破壊してしまうだろうか？　彼らは目の前にあるものを解体して、自分たちの間尺に合うように再構築するのがけっこううまい。

これからどうなるのかは、誰にも分からない。

エピローグ　ロスト・イン・ザ・フォレスト

ある時、Kは生態学者Sと一緒に、ジュラロン川流域のプナンを訪ねた。ビントゥルでチャーターした車でジュラロン川流域のプナンの村に向かった。行く先々で聞こえてきたのは、植樹した油ヤシの苗や稲などがヒゲイノシシなどの動物によって荒らされる被害の実態だった。サラワク州の農村でも獣害が深刻化していることを知った。

二年前に焼失したプナンのロングハウスには、ほとんど人がいなかった。人びとは都市や都市周辺に働きに出て、ゴースト・ビレッジ化していた。

ジュラロン川のプナンは、古くにウスン・アパウの森を出た人びとで、その後、焼畑技術を身につけ、焼畑稲作民イバンと交わり、近現代の流れに乗っている。同じプナンでも、周辺地で獣害などが起きそうもなく、出稼ぎに行きそうもないブラガ川流域のプナンとは、ずいぶんと違っていた。

ジュラロン川のプナンのある女性にカミの話をしてほしいと言ってみた。すると、キリスト教に改宗して古い宗教はすでに捨ててしまっているのに、カミの話など聞いてどうするのって、Kは逆に質問をされた。

Kはそれでもしつこく、彼らから話を聞こうとした。すると年寄りたちが、カミの話や雷に対する唱えごとを教えてくれるようになった。

「プーイ、やめておくれ、その音、風のカミ、嵐のカミ、わたしはあなたたちを呼んでいる、なぜ雷鳴を轟かせて、強風を吹かせるのか」

それはブラガ川のプナンとほぼ同じだった。

動物の忌《い》み名を用いる慣わしも行なわれていることが分かった。動物の名前を呼ぶと、それが悪霊に聞かれて、狩猟の成功が阻害されるという。シカには「長い太もも」、マメジカには「小さい足首」という忌み名がつけられていた。

Kたちは、ジュラロン川にある別のプナンの村も訪ねてみた。プナン語でラケ・アマイ・モダイ、「恐れを知らぬ男」と称されるハンターがいた。足跡を辿り、裸で獣を追い、時には森の中で眠るのだという。

Kらはその「恐れを知らぬ男」に狩猟に連れていってもらいたいと頼んでみた。結婚してムスリムに改宗して、ヒゲイノシシには触れられないが、お前たちが担いで帰るならばという条件で承諾してくれた。「恐れを知らぬ男」はムスリムで、運搬したり、食べたりしないのだ。

しかし翌朝、「恐れを知らぬ男」は、Kたちが約束した謝礼の金額が不満だと、狩猟に行くのを突然断ってきた。なんだか訳の分からない展開だった。

途方に暮れているKらを見て、別のプナンの男ジャネが、Kらを一泊二日の狩猟に連れていってやると申し出てくれた。ロングハウスを出て、焼畑の出づくり小屋で休憩した時、Kは、所持金全額とパスポートなどが入ったウェストバッグを置き忘れた。その小屋から45分ほど行ったところの稜線上で休憩した時、Kはそのことを思い出した。

Kが小屋までウェストバッグを取りに帰りたいと言うと、ジャネについて来ていた一三歳のプナンの美少年が案内してやると言う。Kは何かの時のために、SからGP

S装置を借りた。GPSの使用法については詳しく聞かなかった。

美少年は、赤毛の猟犬とともに、Kの先を行った、いや、駆けた。凄まじい速さだった。一五〇〇メートル中距離走で、五分を切るのではないかと思えるような速さだった。

Kは死に物狂いで美少年について行った。Kのこれまでの一五〇〇メートル走の最高記録は、中学時代の五分二〇秒である。それが人生のピークだったから、今ではどんなに頑張っても八分くらいはかかるだろう。

行きは四〇分かかった道のりを、半分以下の二〇分弱で引き返した。Kが遅れて着くと、美少年は、木陰に平然と腰かけていた。Kはなりふり構わずへたりこんだ。

おもむろに立ち上がって歩き出したKに向かって美少年は、おっとっと、お前、そっちじゃあねえよ、あっちだぜ、ここで待っててやるから、とでも言いたげに、森の中の方向を指し示した。Kは、どうかついて来ておくれ、いや代わりに君が取ってきてくれ、という言葉が口から出かけていたが、何だか癪《しゃく》に障《さわ》るので、言わなかった。

美少年の合図に従って、もうこれ以上歩けないと感じながらも、ゆっくりとKは歩き出した。

Kはそこから五分ほどで、小屋までたどり着いた。ウェストバッグを見つけると、そこにへたり込みそうになったが、気持ちを奮い立たせて、美少年の待つ場所へと踵《きびす》を返した。しかし、ぼうぼうと生い茂った草叢をかき分けて進めど進めど、美少年が待つ場所にはたどり着かなかった。

プナンがそうするように、Kはウーイと大声で叫んでみた。応答はなかった。ギラギラと照りつける太陽の暑熱。美少年と別れてから、すでに小一時間が経過していたようだった。戻る道を見失ったのだ。その頃までに、Kは相当疲れていた。

その時、遠くに、赤いイヌが一瞬見えたような気がした。美少年の赤毛の猟犬だ。猟犬を目指してKは走った。ふつうイヌがヒゲイノシシなどの獲物を追いかけるのに、人がイヌを追いかけるなんて、すいぶんおかしなことをやっているではないかと、Kは思った。

ようやく待ち合わせの場所にたどり着いたようだった。しかしそこには、すでに美少年はいなかった。いったい、どうしたのだろう。

次の瞬間Kは、こうなったら独力でSとジャネのもとに戻ろう。そう思った。そこから沼地を越えるまでの間、K自身の長靴の跡を確認することができた。その先の川のほとりに、さきほどみなで立ち止まった場所があり、一気に登りつめる急勾配の道があるはずだった。しかし、そこからは立ち止まった川のほとりに行き着くことはできなかった。

川の流れを頼りにさまよい歩いたが、どうしてもその場所を見つけ出せなかった。そのうち、それらしき場所から、山を登ってみようと思い立った。

頂まで登ってみた。どうやら、そこではないらしい。見たことがない景色だった。引き返して沼地まで降りる。別のところから山を登ってみたが、それも違う。しかし今度は、足跡がついていた沼地にはどうしても戻ることができなかった。身も心もともにぐったりと疲れてしまった。

その頃までに、すでに三時間近く歩き続けていた。Kは、力が出なくなっていた。しだいに物事を考えられなくなってもいた。小川を見つけて、僅かな窪地に体ごと飛び込んだ。体と頭を冷やすために。

ひとつだけ、はっきりしたことがあった。道に迷ったのは確かなことだった。今夜はビバークになるかもしれない。ヘビやムシがウジャウジャいて、雨も降る密林で、はたして一晩しのげるだろうか。懐中電灯もライターもない。Kは、ポール・オースターがニューヨークで道に迷い、最後に自分自身を見失う物語や、以前訪ねたことがあるジャングルにたどり着くことができないカルペンティエルの小説のことを思い出した。

いま一度、冷静になって考えてみよう。Kは、座り込んだ。なんとかGPSを使えないだろうか。いろんなボタンを押してみると、現在地を特定した上で、ウェストバッグを忘れたことを思い出した場所にまで行けることが分かった。歩行の軌跡の記録が残っていたのである。

突然光が差したような気がした。飛び起きて、まっすぐ崖のような場所を駆け上った。GPSにはそこから直線距離で七〇〇メートルとの表示が現われた。

どこかから、微かに人の声のようなものがする。Kはまたウーイと叫んでみた。今度は応答があった。Kは一目散に、人の声がする場所を目指して、駆け下りた。美少年を見ると、全身から力が抜けた。

美少年は、Kがなかなか戻ってこないので、ロングハウスまで帰って、父親をつれて探しに来てくれたのだ。いや待てよ、美少年は、ウェストバッグを探しに行ったKのことを探しに来なかったのだ。彼はジャネに告げるのではなく、父親に知らせることを選んだのだ。

そこから半時間ほど、最後の力を振り絞って美少年と父親について、這う這うの体で、今夜泊まる予定の狩猟キャンプへ向かった。Kは、密林の中を四時間近くさまよい歩いていたことになる。道に迷うとは、自分自身を見失うことに等しい。

そんなことを考えていたら、狩猟キャンプで待っていたジャネは言った。

「道に迷うってのは、よくあることさ」

ジャネは、邪悪な霊がお前を陥れたんだとも言った。だから、森の中ではあまり喋るな。喋ったことは、悪霊の聞くところとなり、人間の行動は妨害されたり、誑《たぶら》かされたりする。Kは、美少年が走るのについて行くのに必死で、ほとんど何も喋ってないのにと心の中で思った。

その後狩猟キャンプで、美少年の父親がロングハウスから持参した白飯とおかずが振る舞われた。その時、道に迷った心身の疲れからKはほとんど食が喉を通らなかった。

夜になった。「恐れを知らぬ男」が、狩猟キャンプに現れた。彼は、その朝Kたちと狩猟に行くのを断ったのではなかったのか？　ジャネが、これから夜の猟に出かけると言った。KとSに向かって、お前たちには無理だから、ここでゆっくりしておけと言った。Kは言われなくても、そのつもりでいた。

その後「恐れを知らぬ男」は、いきなり着ていたTシャツを脱いで裸になった。赤いブリーフ一枚になった。その格好でライフル銃を肩から提げた。二人は狩猟に出かけていった。

夜になると雨が降り出した。午後一一時頃に、二人のハンターは手ぶらで戻ってきた。シカが三頭いるのに出くわしたという。「恐れを知らぬ男」は、懐中電灯が暗くて射撃できなかったと言った。

Sは、「恐れを知らぬ男」に、なぜ裸で猟に出かけるのかと尋ねた。アップダウンが激しいからと即答。ん？　どういうことだとKは思った。暑いから、汗をかくから？

Kは、ヌーディストハンターなるものを初めて見た。ブラガ川流域にはいなかった。しかしなぜ、裸なのだろう。体の臭いを消すため？　自らをより動物に近づけるため？　いや、狩猟する気持ちを高めるため？　かつてKがインドネシアを放浪していた時、モルッカ諸島の狩猟民は、裸で獲物を追うと聞いたことがあった。

かつてプナンは、裸のままフンドシ一丁で暮らしていたので、ヌーディストハンターであっても不思議ではないと言えなくもない。タトゥーをしているプナンもいる。シベリアのユカギールのハンターのように、裸になってタトゥーを見せて獲物を魅惑するためなのだろうか。

Kには、「恐れを知らぬ男」の真っ赤なパンツが、その後何日も目の奥に残った。

その夜、葉っぱとビニールシートで作った狩猟キャンプは、酷い雨漏りだった。Kは疲れ果てていたので起きなかったが、翌朝目覚めると、太ももから下がびっしょりと濡れていた。

　これもまた翌朝になって気づいたのだが、Kは体じゅう、擦り傷と打撲だらけだった。体のそこらじゅうが痛かった。前日、森で道に迷っている間に負ったものだった。

奥野克巳（おくの・かつみ）

立教大学異文化コミュニケーション学部教授。1962年生まれ。20歳でメキシコ・シエラマドレ山脈先住民テペワノの村に滞在し、バングラデシュで上座部仏教の僧となり、トルコのクルディスタンを旅し、インドネシアを一年間経巡った後に人類学を専攻。1994-95年に東南アジア・ボルネオ島焼畑民カリスのシャーマニズムと呪術の調査研究、2006年以降、同島の狩猟民プナンのフィールドワーク。著作に、『これからの時代を生き抜くための文化人類学入門』『絡まり合う生命』『マンガ人類学講義』『モノも石も死者も生きている世界の民から人類学者が教わったこと』『ありがとうもごめんなさいもいらない森の民と暮らして人類学者が考えたこと』など。共訳書に、エドゥアルド・コーン著『森は考える』、ティム・インゴルド著『人類学とは何か』など。

人類学者《じんるいがくしゃ》K《ケイ》
ロスト・イン・ザ・フォレスト

2023年1月9日　第1版第1刷発行

著　者　奥野克巳

発行者　株式会社亜紀書房
〒101-0051
東京都千代田区神田神保町1-32
電話(03)5280-0261
振替00100-9-144037
https://www.akishobo.com

装　丁　たけなみゆうこ（コトモモ社）

写　真　Anup Shah/gettyimages（カバー）
Ryan 'O' Niel（カバー袖）
V（表紙）

印刷・製本　株式会社トライ
https://www.try-sky.com

Printed in Japan
ISBN978-4-7505-1778-0　C0095

優しい地獄

イリナ・グリゴレ

社会主義政権下のルーマニアに生まれたイリナ。祖父母との村での暮らしは民話の世界そのもので、町では父母が労働者として暮らす。川端康成『雪国』や中村勘三郎の歌舞伎などに魅せられ、留学生として来日。いまは人類学者として、弘前に暮らす。日々の暮らし、子どもの頃の出来事、映画の断片、詩、アート、人類学……。
時間や場所、記憶や夢を行ったり来たりしながらつづる自伝的なエッセイ。

四六判／256頁／1980円（税込）

家族

村井理子

舞台は昭和40年代、港町にある、小さな古いアパート。幸せに暮らせるはずの四人家族だったが、父は長男を、そして母を遠ざけるようになる。一体何が起きたのか。家族は、どうして壊れてしまったのか。ただ独り残された「私」による、秘められた過去への旅が始まる。謎を解き明かし、失われた家族をもう一度取り戻すために。
『兄の終い』『全員悪人』の著者が綴る、胸を打つノンフィクション。

四六判／192頁／1540円（税込）

絡まり合う生命

人間を超えた人類学

奥野克巳

ボルネオの森から、多種的世界とアニミズムを経て、「生命とは何か」という根源的な問いへ。「この世界は人間だけのものではない」という深い実感から出発し、動物、死者、そして生命そのものへと向かう全く新しい探求が幕を開ける。
世界の覇者を自認してあらゆるものを食い尽くし、絶滅の淵に立つ人類に、世界観の更新は可能か。最新の人類学の議論を積極的に吸収しつつ展開される、壮大な「来たるべき人類学」の構想。

四六判／376頁／2200円（税込）